職場の人間関係は自己肯定感が9割

工藤紀子

フォレスト出版

はじめに　職場の人間関係がリスクになっている時代の上手なコミュニケーション法

「仕事で上司や先輩と意見が食い違う」

「地位がある人からのプレッシャー、理不尽がつらい」

「世代間ギャップを感じる」

「陰口やグチを言う人にストレスを感じる」

「仕事の進行をストップさせる人がいる」

「同じ職場に心を許せる人がいない。気軽に相談できる人がいない」

……など、企業や教育現場の研修を通して、多くのビジネスパーソンと関わる中で、一番多く相談を受けてきたのが「職場の人間関係についての悩み」でした。

その悩みの根底には、必ずと言っていいほど、その人の**「自己肯定感」**が影響していました。

職場という特殊な環境の中では、**攻撃してくる人、苦手と感じる人など、離れたく**

ても離れられない人、わかりあえない人ともコミュニケーションは取らなくてはいけません。

また、ちょっとしたことがパワハラ、セクハラ、モラハラとなり、コミュニケーションを取ることがリスクとなっている現実もあります。

本書は、企業・組織で働くあなたが、今の職場で、人間関係の悩みをいかに減らしていけばいいのか、そのカギとなる**「自己肯定感を高めるための方法をお伝えする本」**です。実際に相談が多かった事例に対して、なるべく具体的に解決法を示し、実践的に使えるものとなっています。

◉なぜ、自己肯定感を高めると、職場の人間関係が良好になるのか?

自己肯定感が低いと人間関係の悩みは深くなりますが、「自己肯定感」という言葉が広く知られるようになったのはごく最近です。

「人間関係の悩み」はこれまでいつの時代にもありましたが、そこを改善していくために必要な「自己肯定感」について、正しく「学んだこと」のある人は少ないのではないでしょうか。

自己肯定感についての知識を学ぶ人も増えてきましたが、「自己肯定感が重要だとわかっていても、何から始めていいかわからない」「何を学んでいいかわからない」と、なかなか動き出せない人も多くいらっしゃいます。

本書は、そんな人のために、一番身近でイメージしやすい「人間関係の悩み」を改善することに焦点を当てました。

「自己肯定感」は人生の土台となり、人間関係や仕事、自己実現など、人生の質を左右するあらゆる領域に影響を与えます。

どの領域の悩みも、自己肯定感を高めることで改善されます。

自己肯定感とは、「ありのままの自分を、かけがえのない存在として、好意的・肯定的に受け止める感覚」のことです。

自己肯定感が低い人は、自分が満たされていないので、当然、他者に優しくすることができません。また、自己肯定感が低いと、他者からのちょっとした攻撃や、行き違いで、心が折れてしまうのです。また、すぐにイライラしたり、クヨクヨした気持ちにもなりやすく、感情が乱れるのです。

後にご説明していますが、人生を進む上で、人生を車に例えると、車のエンジンの役割を担っているのが「自己肯定感」です。

エンジンが大きく、馬力があれば、車はどんな道でも軽快に進んでいけます。しかし、エンジンが小さく、自己肯定感が低い状態では、スムーズに人生を進むことができません。

自己肯定感は、本書でご紹介するステップを踏めば必ず高めることができます。

◉絶対的自己肯定感には、根拠がなくてもいい！

自己肯定感には、「社会的自己肯定感」と「絶対的自己肯定感」の2種類があります。

社会的自己肯定感とは、他者からの評価や相対的評価から生まれる自己肯定感。

絶対的自己肯定感とは、「自分で自分の存在価値を認めてあげること」で生まれる自己肯定感です。

どちらも大切なものですが、まずは絶対的自己肯定感を持ってください。これがあれば、大抵のことは乗り越えていけます。

仕事の結果や実績はすぐにはつくれません。自分以外の要素も大きく影響する社会的自己肯定感は、なかなか思い通りにコントロールできないため、これに頼って生きていると、人の心は折れやすく、もろくなります。

絶対的自己肯定感は、誰もが、今すぐに高めることができます。

なぜなら、絶対的自己肯定感は、根拠が必要ないからです。それは、ありのままの自分にただただ価値を与えることなのです。本書では、その方法を丁寧にご説明します。

◉25年間で、のべ2万人への指導実績

2013年に一般社団法人日本セルフエスティーム普及協会を設立して、現在、企業や教育現場で、研修、講演、個人向けの講座を通して、自己肯定感の重要性を広める活動を行なっています。「自己肯定感」はセルフエスティームが語源です。

最近では、中学生の道徳の教科書にも、自己肯定感について執筆させていただきました。

私はこれまで、25年間探求してきた自己肯定感の知見に基づき、2万人を超える人々にその向上のためのノウハウをお伝えしてきましたが、本書では、その経験の中から再現性のある人間関係に有効なものを抜粋しています。

●もともと自己肯定感が低い人はいない

人生100年時代といわれ、健康寿命が80年といわれる社会で、一番多く過ごす職場での人間関係は、あなたの人生の質を左右していきます。

個々の価値観が多様化している現代において、「自己肯定感」が持てていないと、自分を見失い、人間関係の悩みはふくらむばかりです。

いかにすれば、自分をしっかり支えながら、他者との良好な関係を築いていけるのでしょうか。

本書では、この問いに対して、真正面から向き合い、「自己肯定感」についての理解を深めます。

自己肯定感を高めることは、本来のあなたの力を取り戻すこと。

生まれながらにして、自己肯定感が低い人はいません。

もし今、自己肯定感が低いと感じている人であっても、これまで育った環境や、様々な理由で、自信を失い、自己肯定感を持てずにきてしまっただけです。

自己肯定感は、高めるスキルを身につければ、誰もがいつからでも挽回《ばんかい》できます。

本書には、自己肯定感を高めるために、ぜひ参考にしていただきたい、原理原則となる考え方がちりばめられています。

絶対的自己肯定感を高めるためのシンプルな５つのステップ、そして、事例とともに他人のタイプ別、仕事のシーン別で、自己肯定感を下げず、コミュニケーションを良好にする方法をご紹介しています。

これらを参考にしながら、あなた自身の自己肯定感を高めていただけることを願っています。

工藤　紀子

本書の構成

本書は、自己肯定感を高めることで、職場の人間関係の悩みを解決し、さらに、上司、部下、同僚と、性格や年代の違いを超えて、より良い関係を築くことを目的としています。

自己肯定感を高めれば、他者の立場になってものを考えることができるようになります。そして、ちょっとしたことでクヨクヨ悩むこともなくなります。

第１章には、自己肯定感を高めることで、職場の人間関係が良くなる理由について書きました。自己肯定感の高低は、コミュニケーション力の高低につながります。

第２章では、職場の人間関係を困難なものにしてしまう「自己保身」について書きました。自己保身をする際の言動と行動にはパターンがあります。

第３章では、絶対的自己肯定感を高めるための５つのステップのやり方をお話ししています。25年間の経験から、誰もができる方法をわかりやすくご紹介しました。

第４、５章には、相手のタイプ別、仕事のシーン別に、どのようにコミュニケーションを取ればいいかを書きました。

終章では、ノート（１枚の紙）を使って、自己肯定感を下げずにコミュニケーションを改善させる方法を紹介しています。書くことで、自己肯定感を高めることもできます。

難しいことはありません。ぜひ、ひとつでも実践してみてください。

職場の人間関係は自己肯定感が9割　もくじ

第1章
なぜ、自己肯定感を高めると職場の人間関係が好転するのか？

～自分自身との関係性が、他人とのコミュニケーションに影響を与える～

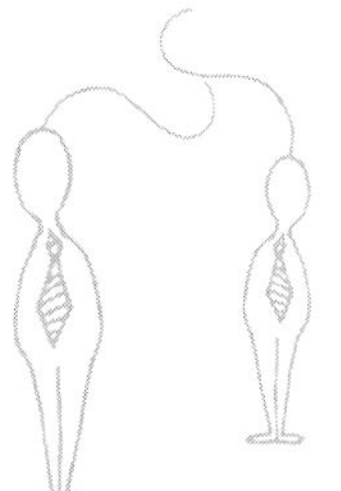

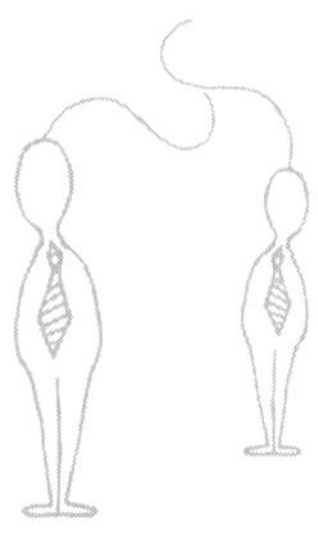

第2章 自己保身をやめれば、あなたは安心される存在になれる

～怒り、嫉妬、違和感を持たれない人は知っている〝自己防衛的〟行動と態度～

第3章 絶対的自己肯定感を高める5つのステップ

～ゆるがない人間関係のベースをつくるために必要なこと～

第4章　タイプ別で見る自己肯定感を下げないための対処法
～苦手な人との絶妙なつき合い方～

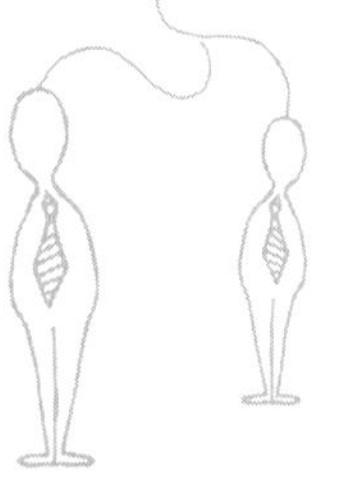

第5章 場面別で使える自己肯定感を下げない対処法

～どんなビジネスシーンでも上手に切り抜けるには？～

終章　1枚の紙に書くだけで自己肯定感は高められる
〜とても大切なのにおろそかにしてしまう「自分自身を認識する」こと〜

カバーデザイン　西垂水敦（ｋｒｒａｎ）
本文デザイン＋ＤＴＰ　佐藤千恵
素材提供：Diego Schtutman, Magenta10 /Shutterstock.com

第1章

なぜ、自己肯定感を高めると職場の人間関係が好転するのか？

～自分自身との関係性が、他人とのコミュニケーションに影響を与える～

自己肯定感が人間関係の質を決めてしまう？

「すべての悩みは対人関係の悩みである」

と、フロイト、ユングと並び「心理学の三大巨頭」と言われているアルフレッド・アドラーは断言しています。

さらに、アドラーは、

「仕事における失敗の90％は、知識や経験が足りないからではなく、そこに人間関係が築けないことが原因である」

とも述べています。

「相手に、どう思われるか？」「どう、評価されているか？」が気になり、他者から思うような評価を得られないと、「自分はダメなのではないか」と不安になってしまうことは誰にでもあります。

また、相手から期待通りの反応が返ってこないと、「自分に悪い印象を持っているのではないか」と悩むものです。職場でそりが合わない人がいると、ストレスを感じるようにもなります。

人との関わりの中で生まれる悩みは、誰もが抱えやすいものです。

企業研修をすると、職場の人間関係に悩んでいる人が多いことに驚かされますが、そこがうまくいくようになると、仕事への意欲は高まり、メンタルヘルスも向上します。

実は、対人関係の悩みをつくり出す最大の原因は自分との関係が良好でないからです。

自分との関係が良好かどうかは、自分が自分をどう思うかという「自己肯定感」が高いか低いかによります。

自分を肯定的に、好意的に認められる、自己肯定感が高い状態だと、それがそのまま対人関係にいい影響を及ぼし、他者との関係も良好に築けるようになります。

そこで、本書では「自己肯定感を自ら高めることで、職場での人間関係を良好にするための方法」をご紹介していきます。

「コミュニケーションがリスクになる」時代の自分の守り方

あなたは、会社の上司や部下、同僚とのコミュニケーションを、職場以外で取ることがありますか。

昔のように上司が部下を誘って飲みに行ったり、仕事の後に同僚同士で飲みに行くことが少なくなっています。それはいい悪いの問題ではなく、職場の外で、仕事で困っていることを気軽に相談したり、お互いを知る機会が減っているということです。

プライバシー重視の観点から、一歩踏み込んだコミュニケーションを取ろうとすると詮索《せんさく》だととられかねない時代です。パワハラやセクハラ、モラハラが社会問題として、取り上げられることも増えました。現在、職場やそれ以外の場所で、コミュニケーションを取らないことが自分を守る術《すべ》となり、他者と関わること自体がリスクとなる状況があります。

電話や直接会って話すことが減り、ＳＮＳやメールでコミュニケーションを取ることが増えています。便利で簡単にコミュニケーションが取れるという反面、様々な悩みが生まれやすくなりました。

パソコンやスマホ上のコミュニケーションでは、対面では言えないことも容易に言えてしまうため、言い過ぎたり、強く主張し過ぎてしまい、相手にきつい印象を与えるということが起こります。

また、文字だけの情報では感情が伝わりにくく、言葉足らずで誤解を生み、ちょっとした言葉の行き違いから、人間関係を悪くしてしまうことも起きています。

一度、関係が壊れてしまうと、なかなか元通りにはなりません。

ここで相手に心を開き、関係を修復していく働きかけができればいいのですが、それがなかなかできないと、職場でたったひとりの人と関係がうまくいかなくなっただけで、気分は優れなくなります。

人間関係の悩みは、深くなると仕事への意欲にも影響します。それが続くと会社に行く足取りは重くなり、仕事だけではなく生活にも悪影響を及ぼしかねません。

人間関係の悩みは、相手をどうにかできれば改善できると思いがちですが、決してそうはなりません。

なぜなら、**「自己肯定感」が低いままでは、どうしても自分や他者を否定的に見る傾向が強くなる**からです。そのため、他者からも否定的に見られていると感じやすくなり、根本的な悩みの解決に至らないのです。

人間関係はすべて、自分との関係が土台となるため、自分との関係が良好でない自己肯定感が低い状態だと、様々な問題を抱えやすくなります。

コミュニケーションがリスクとなりかねない現代社会において、他者と良好な関係を築くために非常に重要なのが、自己肯定感を高めることなのです。

ビジネスパーソンが抱えるストレスの1位、2位は人間関係

職場で人間関係がうまくいかないと、どうなるでしょうか。

中にはひとりで完結する仕事もありますが、多くの仕事は職場の仲間と連携をしながら取り組みます。

人間関係がうまくいかなくなると、チームワークは崩れ、仕事の連携や業務に支障が出ます。すると、当然成果にも影響してきます。

アメリカのギャラップ社が２０１７年に発表した調査結果によると、世界各国の企業を対象に実施した従業員のエンゲージメント（仕事への熱意度）調査で、**日本は「熱意あふれる社員」の割合が６％**でした。

これはアメリカの32％と比べて大幅に低く、調査した１３９カ国中１３２位と最下位クラスです。

さらに、企業内に諸問題を生む「周囲に不満をまき散らしている無気力な社員」の割合は24％、**「やる気のない社員」は70％**という結果が出ました。（日本経済新聞２０１７年5月26日紙面より）

この調査からすべてを推し量ることはできないとしても、日本では職場に不満を抱えて、仕事にやりがいを感じない人が増えていることを知ることができます。

次に、「その要因となるものがなんなのか」を知るための参考になる調査があります。20〜59歳の有識者１０００人を対象に「２０１８年ビジネスパーソンが抱えるストレスに関する調査」が、チューリッヒ生命によって行なわれました。

その中で、「勤務先でどの程度ストレスを感じているか」を聞いたところ、「非常にストレスを感じている」「ややストレスを感じている」という回答を合わせると、男性では71・6％、女性では75・2％と、7割以上の人が日々ストレスを感じていることがわかりました。

そこで原因になっていることを聞くと、**1位は「上司との人間関係」**、**2位は「同僚との関係」**、続いて「仕事の内容」、「仕事量が多い」、「給与や福利厚生などの待遇面」となりました。（2018年5月16日マイナビニュースより）

この調査結果からも、職場での一番のストレス原因は、「人間関係」であることが示されました。

多くの人が人間関係に悩んでいるのです。

それが職場での不満やストレスになり、働く人の仕事への意欲（エンゲージメント）にも影響を与えていると考えられます。

これが深刻化すると、うつなどのメンタル不調といった症状を引き起こしかねません。

なぜ、自己肯定感を高めることで、職場の人間関係は良好になるのか？

「セルフエスティーム（自己肯定感）は組織におけるすべての人間関係の中心である」と、ウィル・シュッツは著書『自己と組織の創造学（THE HUMAN ELEMENT Productivity, Self-Esteem, and the Bottom Line）』（春秋社）で述べています。

「チームワークの問題は、メンバーの違いから起こるのではなく、個々のセルフエスティーム（自己肯定感）の低さに由来しており、それがチームの中で柔軟性のなさや防衛を引き起こす」

というのです。

ここでいう「チームワークの問題」とは、そのままチーム内の人間関係の問題を指していますが、それは、組織を構成する一人ひとりが、自己肯定感を高めることで解消していくことができます。

さらに、シュッツは、

「他の人との人間関係は、主に私が自分自身に関してどう思っているかによる」

「私自身が自分を重要だと思えれば、他者も私に肯定的なフィードバックを与える」

とも述べています。

このことからも、人との関係は「自分が自分をどう思うか」という、自分との関係が土台となることがわかります。

自己肯定感が高く、自分や自分のあり方に対して肯定的、好意的であれば、他者に対しても自分が自分に対して感じるように、肯定的、好意的に見ることができるのです。

すると、相手の言動も肯定的に受け止められるので、人間関係は良好になります。

一方、自己肯定感が低く、自分に対して、否定的、批判的であれば、他者に対しても、自分が自分に対して感じているように、否定的、批判的に見てしまうので、他者からも否定や批判をされていると感じやすくなります。

すると、相手の批判から自分を守るために、保身的になり、それが人間関係を悪化させてしまうのです。

自分を肯定的、好意的に見られていないとしたら、「自己肯定感」は低くなってしまって当然です。

人間関係がうまくいかないと悩んでいる人は、そこに気づけると、自分との関係性を見直して自己肯定感を高めることができます。

つまり、多くの問題が解消していくのです。

「自己肯定感」とは、車のエンジン！

自己肯定感とは、「自分の存在そのものを認める感覚」であり、**「ありのままの自分をかけがえのない存在として肯定的、好意的に受け止めることができる感覚」**のことです。

「自分が自分をどう思うか」という自己認識が自己肯定感を決定づけています。

では、自己肯定感が高いと、どういったメリットがあるのでしょうか。

自己肯定感は、人生のあらゆる領域の土台となるものです。

その領域とは、人間関係や仕事、パートナーシップや結婚、自己実現や健康面など、自分の人生を豊かで満足のいくものに感じられるかどうかを左右する、幸福に大きく影響している部分です。

車にたとえるとわかりやすいでしょう。

あなたの人生を「車」にたとえると、車のエンジンに当たるものが「自己肯定感」です。

運転席に座るのはあなたです。

車の馬力はエンジンの大きさで決まります。

自己肯定感が低いと、エンジンが小さな車で進んでいるようなもので、平坦《へいたん》な道は問題なく走れますが、馬力は弱いので、重い荷物を載せたり、上り坂になるとスピードが減速してしまいます。

重い荷物や上り坂とは、人生で問題や困難に直面したときです。

逆に、自己肯定感が高いと、エンジンが大きく馬力がある車で進んでいるので、たとえ重い荷物を積んでも、上り坂という困難や問題に直面しても、それを乗り越えてスムーズに進んで行けます。

車の「4つの車輪」に当たる部分を、あなたの人生の豊かさや幸福の質を決める、大事な領域の一つひとつと考えてみましょう。

たとえば、そこにはどんなものが当てはまるのでしょうか。

4つの車輪は「人間関係」「仕事」「自己実現」「健康」だとしましょう。

それぞれの領域で満足のいくものを得られるかどうかは、「自己肯定感」というエンジンの大きさにかかっているのです。

人生のエンジンとなる「自己肯定感」が高まると、エンジンの馬力は強くなり4つの車輪を動かす力が大きくなります。

日々生きている中で、楽しそうに人生を歩んでいる人、自分の能力が発揮できて仕事で成果を上げている人、人間関係が良好で自分の望みや夢を次々と実現している人は、置かれた環境や能力以前に、「自己肯定感」という土台がしっかりしているのです。

●「これが自分だ」と思える人は強い！

では、自己肯定感はどうすれば持てるようになるのでしょうか。

最初に自己肯定感が育《はぐく》まれるのは、子ども時代の親や養育者からの働きかけです。

子どもは親や養育者から無条件に受け入れられることで、自分の存在価値を感じられ、自分を尊重して大切な存在として認められるようになります。

このように幼少期に親や養育者の愛情によって、自分のそのままを受け止めてもらえると子どもは、自分の長所や強みなどのいい面だけではなく、短所や弱さ、ダメな所も含めた、「自分」を受け止め、自分らしさや個性を受容し、肯定できるようになるのです。

とは言え、自己肯定感は、大人になってから自分自身で高めることができるので安心してください。

自己肯定感は自動車のエンジン！

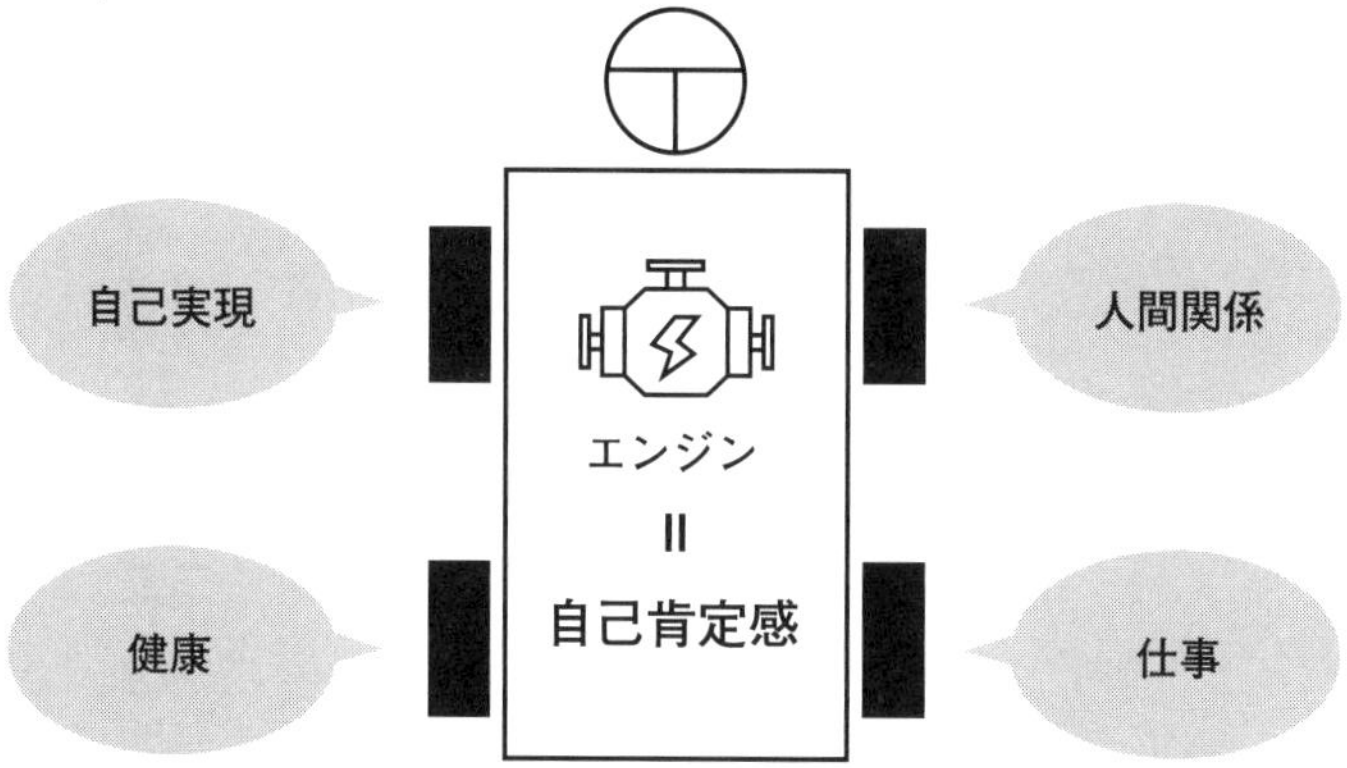
自己実現
人間関係
エンジン
＝
自己肯定感
健康
仕事

自己肯定感というエンジンの大きさによって、
豊かさと幸福の質が決まる。

大きなエンジンが
あれば、坂道でも
スムーズに進める！
小さなエンジンで進むと、
減速して、
なかなか坂道は進めない

米・中・韓と日本の自己肯定感の比較

日本の子どもたちの自己肯定感が諸外国に比べて低い傾向にあるという調査結果が、２０１４年内閣府の「子ども・若者白書」で指摘されていました。

ここで、２０１７年３月に発表された国立青少年教育振興機構による日本、米国、中国、韓国の４カ国比較「高校生の心と体の健康に関する意識調査」の報告書の内容を一部見てみましょう。

「自己肯定感」の項目では、７年前の２０１０年に比べると、数値は高くなっているものの、依然として日本はどの項目とも数値が一番低く、とりわけ**〝私は価値がある人間だと思う〟と〝今の自分に満足している〟では、他国との数値の開きが顕著《けんちょ》である**と指摘されています。

【自己評価「そうだ」「まあそうだ」と回答したものの割合（2017年）】

「私は価値のある人間だと思う」

日本　44・9％
米国　83・8％
中国　80・2％
韓国　83・7％

「私は今の自分に満足している」

日本　41・5％
米国　75・6％
中国　62・2％
韓国　70・4％

●自己評価「そうだ」「まあそうだ」と回答したものの割合

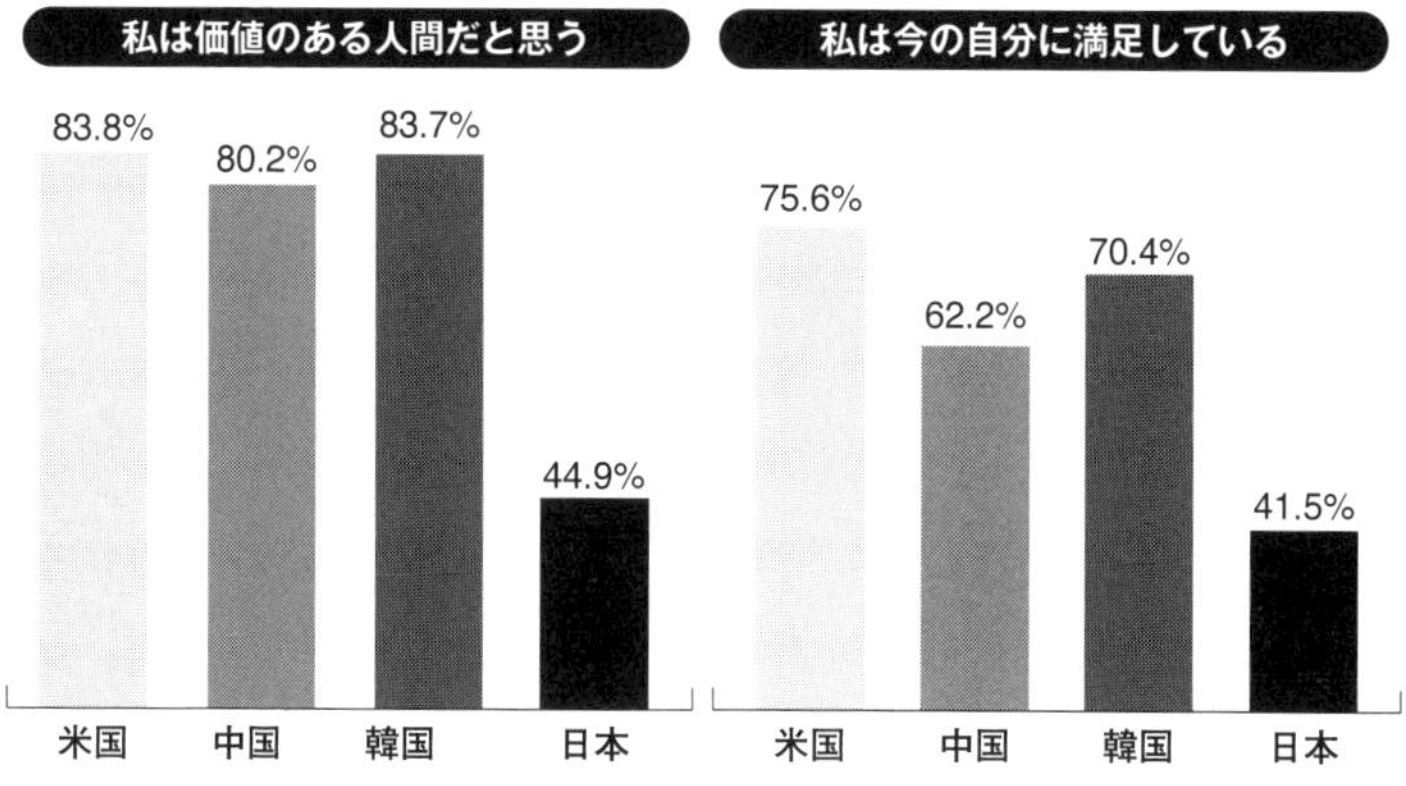

「私は努力すれば大体のことができると思う」

日本　60・5％
米国　86・1％
中国　85・4％
韓国　78・3％

高校生という思春期、謙遜《けんそん》や照れも入っていると考えてそれを差し引いても、低い結果と言えるのではないでしょうか。

この調査では「子どもの自己肯定感を高めるには、家庭での親の関わりが大きく影響し、学校で教師が子どもにどう関わるかが非常に重要である」と示されました。

小学4年生から高校2年生までの日本における他の意識調査では、学年が上がるにつれて、自己肯定感が低くなる傾向が出ています。

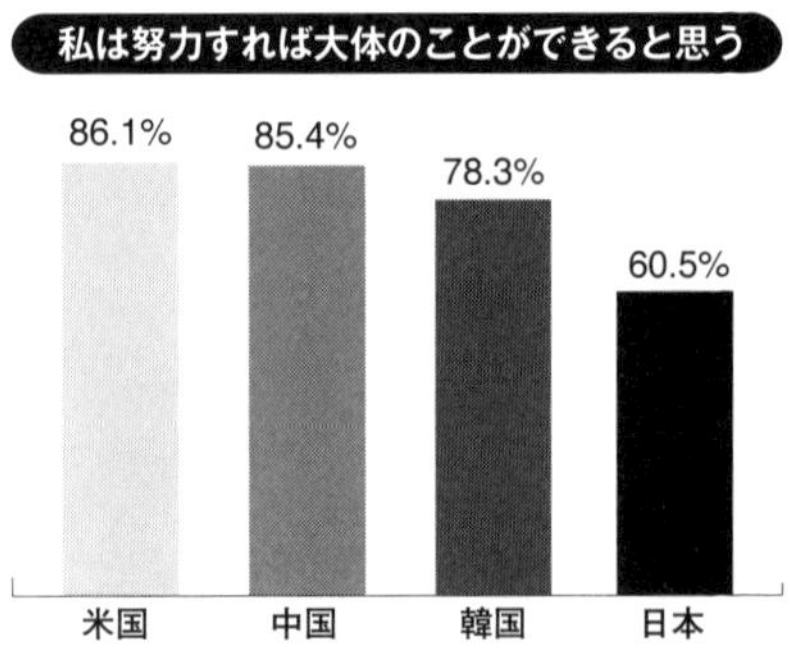

では、大人の自己肯定感はどうでしょうか。

残念ながら大人の自己肯定感を調査したものはこれまでありません。

しかし、子どもの年齢が上がるにつれて、自己肯定感が低くなる傾向が見られる中で、大人になっていきなり高くなるとは考えにくいでしょう。

自己肯定感の土台は、子どものときの親や養育者からの愛情ある働きかけがベースになりますが、すべての人が親や養育者から十分な愛情と健全な働きかけをされて大人になってはいません。なぜなら、あなたの親も含めて、ほとんどの人は、自己肯定感の知識がないまま、それが人生にどう影響するかも含めて、誰からも教えられずに大人になっているからです。

しかし、多くの大人がそうであるように、子どもの頃から十分に自己肯定感を育めずにきたとしても、それで人生が決まってしまうわけではありません。

なぜなら、たとえ様々な要因で、自己肯定感が低いまま大人になったとしても、自己肯定感を高める方法を知ることができれば、誰もがいつからでも自らの手で高められるからです。自己肯定感は、いつからでも挽回《ばんかい》が可能なのです。

自分自身との良好な関係が、他者との良い関係の土台になる

人間関係を良好にするには、自分との関係を良好にすることが重要であるとお伝えしてきました。

では、「自分との関係が良好でない」とはどのような状態なのでしょうか。

それは、自分に好意的になれず、どちらかというと批判的、否定的で、自分を信頼できていない状態です。

その状態が心や行動に表れてしまうと、そのまま他者との関係に投影されてしまうために、他者から批判的、否定的に見られるのではないかと不安になります。

この状態では、安心して相手と関わることができないばかりか、相手もあなたと安心して関わることができません。

常に他者から「どう思われるか」を気にしてしまうことになり、主体性が低く不安

や恐れからのコミュニケーションになってしまうのです。これは、自己肯定感が低い状態です。

次に、「自分との関係が良好である」とは、どのような状態を言うのでしょうか。

それは、**自分に好意的で、肯定的であり、自分を信頼し、安心感を持っている状態**です。その状態が心や行動に表れることで、他者に対しても好意的で、肯定的になれるのです。

これが自己肯定感の高い状態であり、他者との関係を良好にしていく基盤になるのです。

すると、他者からどう思われるかを気にすることなく、主体性を持って安心して自分らしく相手と関わることができます。そのため、相手も安心してあなたと関われるのです。

このように「自分との関係を良好にすること」が人との関係をつくる基本となります。それが、あなたの人生をあらゆる面で好転させていくカギとなるのです。

隣の席を向くのもイヤ！

ここで、職場の人間関係がうまくいかないと相談に来られた2人のお話をご紹介します。この2人の悩みにも、自己肯定感が影響していました。

Aさんは、隣の席の男性Bさんのことで悩んでいました。

彼がやたらとプライベートについて聞いてくることが嫌で、話しかけられても、彼のほうに顔を向けられなくなり、そのせいで肩が凝り、片側に首を回せなくなるほどでした。Aさんのストレスはピークになり、なんとかしたいと相談に来られたのです。

Bさんから、「なぜ結婚しないの？」「派遣社員で働いているのには、何か理由があるの？」と聞かれたことが発端で、Aさんは彼を避けるようになったのです。

彼女を心理的に追いつめることになったのは、隣のBさんの言動というよりも、彼の言葉を自分への嫌がらせだと受け止めてしまった、Aさんの自己肯定感の低さが要因として考えられました。

正社員ではなく、結婚をしていない自分に引け目を感じていたことが、自信を失わせ自己肯定感を下げていたのです。

そんなAさんにとってBさんは、自分の自信がない部分を責め、自分の引け目に感じる部分を思い知らされる相手でした。

それが彼女を心理的に追いつめて、逃げ場を失わせていたのです。

Bさんから話しかけられると、Aさんの体はこわばり、心理的な苦痛はピークになっていました。

彼に対して嫌悪を感じながらも、彼女は相手の一挙一動が気になり、神経をすり減らしていたのです。

しかし、AさんとBさんのやりとりを客観的に見ていくと、隣の席の彼は彼女に嫌がらせや意地悪をしているようには考えにくかったのです。

そこで私は、Bさんに対する見方を変えてみることを提案しました。見方を変えるとはどういうことでしょうか。

それは、**それまでの否定的な受け止め方や決めつけを和らげ、違う視点から相手を見ていくというもの**でした。

●1日ひとつでもいいから……

Aさんは、隣の席のBさんに対して、「詮索《せんさく》ばかりする」「なんでも首を突っ込んでくる」、だから嫌だ、と感情的に決めつけていました。

彼女は自分が一番触れられたくない部分に、こちらの気持ちにおかまいなしに土足で踏み込んでくるBさんを、自分を攻撃する人だと認識していました。そんな彼から、自分を必死で守ろうとしていたのです。

そこで、それまで彼女が見ようとしていなかった彼の性質や要素には、どんなところがあるか、彼はどんな人なのか、という客観的な視点で見ていくことをアドバイスしました。

私たちは、感情が生まれたとき、その感情を正当化する見方で物事を捉《とら》える傾向があります。

Aさんは、「嫌だ、嫌だ」と思っていたBさんの良い面を探すことに、かなり抵抗があったようですが、「1日ひとつでもいいから」と伝えて実践してもらいました。すると、時間はかかりましたが少しずつBさんのいい面が出てきました。

Bさんのいい面は、

「お客さんの電話に丁寧に応対している」「後輩の面倒をよくみている」「他の社員の人と冗談を言い合う明るい性格」「みんなから慕《した》われている」「誰に対しても、自分からあいさつをしている」「よく笑っている」

というように、自分が目を向けていなかった面に気づきました。

いい面が見つけられるようになると、不思議なことに彼女の彼に対する感情が少しずつ変わっていきました。やがてBさんを避ける気持ちが減り、苦痛も軽減して、自然に会話ができるようになっていったのです。

Aさんは、自分が引け目に感じていた部分を、自分のダメな部分だと否定的に見ていたので、周りの人もその部分を「ダメだと思っている」「否定している」と感じていたことに気づきました。

そのために、そこを話題にされると、自己価値が脅かされると感じ、過敏に反応してしまったのです。

Ａさんは、隣の席のＢさんに苦痛を与えられていたと思っていましたが、実は自分のものの見方や相手に対する言動の受け止め方が、自分の問題をつくり出して人間関係を複雑にしていたことに気づいたのです。

その後、Ａさんは「自己肯定感」を高めるトレーニングを継続したことで、自分に対する捉え方が変わり、対人関係の問題が大幅に改善されていきました。

エースのスランプの原因は、年上部下だった

Hさんは、仕事で成果を上げ部長に昇進しましたが、配属された部署で部下との関係に悩んでいました。周りは自分よりも年上の部下ばかりです。

Hさんは、自信満々で能力が高く、ひとりでなんでもこなすタイプでした。

これまで、仕事ぶりも評価されてきたのですが、部長になり年上の部下たちとのコミュニケーションに苦慮《くりょ》しはじめると、仕事が思うようにいかなくなっていったのです。

配属されて少し経ったときのこと、彼が自分の机に戻ると、部内のみんなのおしゃべりが止まり、シーンと静まり返ったそうです。

そんな状態が何度か続くと、「自分はみんなに受け入れられていない」、「自分は避けられている」と感じるようになりました。

当初から「年が若い自分が部長になったら、年上の部下はいい気がしないだろう、自分は歓迎されないかもしれない」という感覚を持っていたと言います。

その思いが現実のものとなり、Hさんはどんどん自信をなくしていきました。そうなると、部下とコミュニケーションを取ろうとしても、ますますぎこちなくなり、彼にとって職場にいることは苦痛以外の何ものでもなくなりました。

あるとき、部内でみんなが飲みに行こうと話している場面に出くわしました。Hさんは誘われず、「自分も仲間に入れて」と言うこともできずに、辛かったそうです。

部長になる前は飛ぶ鳥を落とす勢いで、大きな売上を上げ続け、仕事が楽しくてしかたがなかったHさんでしたが、新しい職場で疎外感を抱くようになると、自分からコミュニケーションが取れなくなりました。

なんとかしたいという思いがありながらも、傷つきたくないという思いから、朝、会社に着くまでに、心のシャッターを下ろし、完全に防御態勢で職場に入ったと言います。

それが、誰も寄せつけない雰囲気をつくり、部下からのコミュニケーションもシャットアウトしました。

そのような状態の日々が続くと、今までうまくいっていた取引先との関係もうまくいかなくなり、業務にも支障が出るようになりました。

経営陣は部長になるまで、業績のいい彼を高く評価していました。Hさんは頑張って結果を出していたときは自信満々でしたが、部長になり環境が変わると、部内で協力して売上を伸ばすことができなくなり、自信はもろくも崩れ去っていったのです。そんな状況が彼を追いつめていきました。

Hさんの自信を支えていたのは、仕事の成果や上司からの評価でした。その支えがなくなると、一気に自己価値が保てなくなったのです。

お話を聞いていくと、Hさんは、「何かが優れている」「何かで成果を上げている」と思える部分があるからこそ、自分に自信が持てると思っていました。

彼の自信を支えていたものは、外的要因に左右されるものだったので、状況が変わるたびに、自信が持てたり、持てなかったりを繰り返していたのです。

そこで、Hさんには、本書でこれからご紹介していくメソッドである、自分との関係を見直し、状況や条件に左右されることのない「土台となる自己肯定感」を高める方法を試してもらいました。

自己肯定感が持てれば、うまくいかないときや失敗に直面したときであっても、過剰に自己否定せずに、自己価値を保つことができるようになるからです。

この方法を行なうと、Hさんは3カ月が過ぎた頃には土台となる自己肯定感が高まりました。部下に自分から声をかけられるようになり、自分からコミュニケーションが取れるようになったのです。

彼自身が自分との関係を見直すことで、周りとの関係が見違えるほど良くなりました。

さらに、自分の部署の良い点を探せるようになり、部下の良い所を見つけ、それを伝えられるまでになりました。

Hさん自身の自己肯定感が高まったことで、職場での疎外感や、年下上司という負い目からも解放され、人間関係はみるみる良くなっていったのです。

「自分が自分をどう思うか＝他者からの評価」だと思い込んでいないか？

人は、自分との関係をベースに、他者との関係をつくり出していきます。

自分をどう思うか、どう見ているかが、そのフィルターを通して、「他者をどう思うか、どう見るか」になり、「自分が他者からどう思われているか」を感じるベースをつくります。

「自分を認められない」、「自分を受け入れられない」、「自分を信じられない」という感覚を持っている人は、どうしても他者からもそう思われていると感じやすくなります。

自分が自分に対して持っている思いを、他者も同じように自分に対して思っていると考えてしまうためです。

自己評価が低いと、自分や周りを否定的に見やすく、周りからも否定的に見られていると感じやすくなるため、なかなか人間関係を良好に保つことができません。

「人からどう思われるかが常に気になる」

「自分は嫌われているのではないか」

と感じやすい人ほど、自己評価を他者に委《ゆだ》ねています。自己肯定感が低い人ほど、その傾向が見られます。

そのような人は、周りからどんなに評価されても、自分が自分をどう思うか以上の他者からの評価を受け取れません。

他者からの肯定的な評価をそのまま受け取れるようにするには、「自分が自分を肯定的に見ているか」を検証することが大切です。

そのためにも、自分に対する否定的な思い込みや自己イメージを取り去って自己肯定感を高めることが必要なのです。

25年間、のべ2万人への指導からわかったこと

私は、人が生きていく上で一番大切な感覚である「自己肯定感（セルフエスティーム）」を企業や教育現場をはじめ、家庭に広く普及する活動を行なっています。

自己肯定感の重要性に気づいたのは1994年でした。はじめは子育てに生かすことを考えていました。

自己肯定感について理解するにつれて、当時2歳の娘の自己肯定感をどう高めるかよりも、親である私の自己肯定感が低いことに愕然《がくぜん》とし、まず私が高めることが必要だと考えたのです。

なぜなら、そのときの私を取り巻く危機的な状況があったからです。

夫婦関係は常に離婚の二文字が頭を離れず、職場でも人間関係の悩みを抱えていました。自己肯定感を知るまでは、何が原因でうまくいかないのか、どうすれば良くなるのかが全くわかりませんでした。

そこで、その原因が自己肯定感の低さにあると気づいてからは、自らの自己肯定感を高めることに注力しました。時間はかかりましたが、以前は常に夫を責め、周りへの不満が絶えなかった私が、意識のベクトルを自分に向け、自分を理解し、自分との関係を良好にしていったことで、自己肯定感が高まり、自身を取り巻く多くのことが好転していったのです。

取り組み始めた25年前は、会社に勤めながら時間を見つけては、図書館に通い、手探り状態で様々な書物を読み、いろいろな方法を試して、自己肯定感を高めるために効果があるものは何かを探求し続けました。

実は、人に伝えることは全く考えていませんでしたが、その10年後の2005年のある出来事が後押しとなり、それまで蓄積した自己肯定感を高めるノウハウを多くの人に役立ててもらいたいと考えて活動をスタートさせたのです。

2013年には、一般社団法人日本セルフエスティーム普及協会を設立し、研修や講演、個人向けの講座を通して、講師のみなさんと共に多くの人に自己肯定感を広める活動をするようになりました。

これまでのべ2万人を超える方に指導させていただく中で、多くの方から自己肯定感を高めることで、

「人間関係が良くなった」「結婚や恋愛がうまくいくようになった」「仕事で成果が出るようになった」「生きるのが楽になった」「自己実現ができるようになった」と、お声をいただけるようになりました。

その方法は、私だけではなく、多くの人にも再現性があることが証明されました。

本書では、25年間で実践して効果があった「自己肯定感を高めるノウハウ」から、誰もが抱えやすい人間関係の悩みの改善に役立てていただけるものを選んでお伝えさせていただきます。

第1章 ポイント

◇人間関係の悩みをつくり出す最大の原因は、自分自身との関係が良好ではないから

◇自己肯定感が低いと、他者を否定的に見る傾向が強くなる

◇人間関係の悩みの第1位は「上司との関係」、第2位は「同僚との関係」

◇人間関係は、自分自身をどう思っているかで決まる

◇人間関係がうまくいかないのは、自分の評価を他者に委ねているから

第2章

自己保身をやめれば、あなたは安心される存在になれる

～怒り、嫉妬、違和感を持たれない人は知っている
〝自己防衛的〟行動と態度～

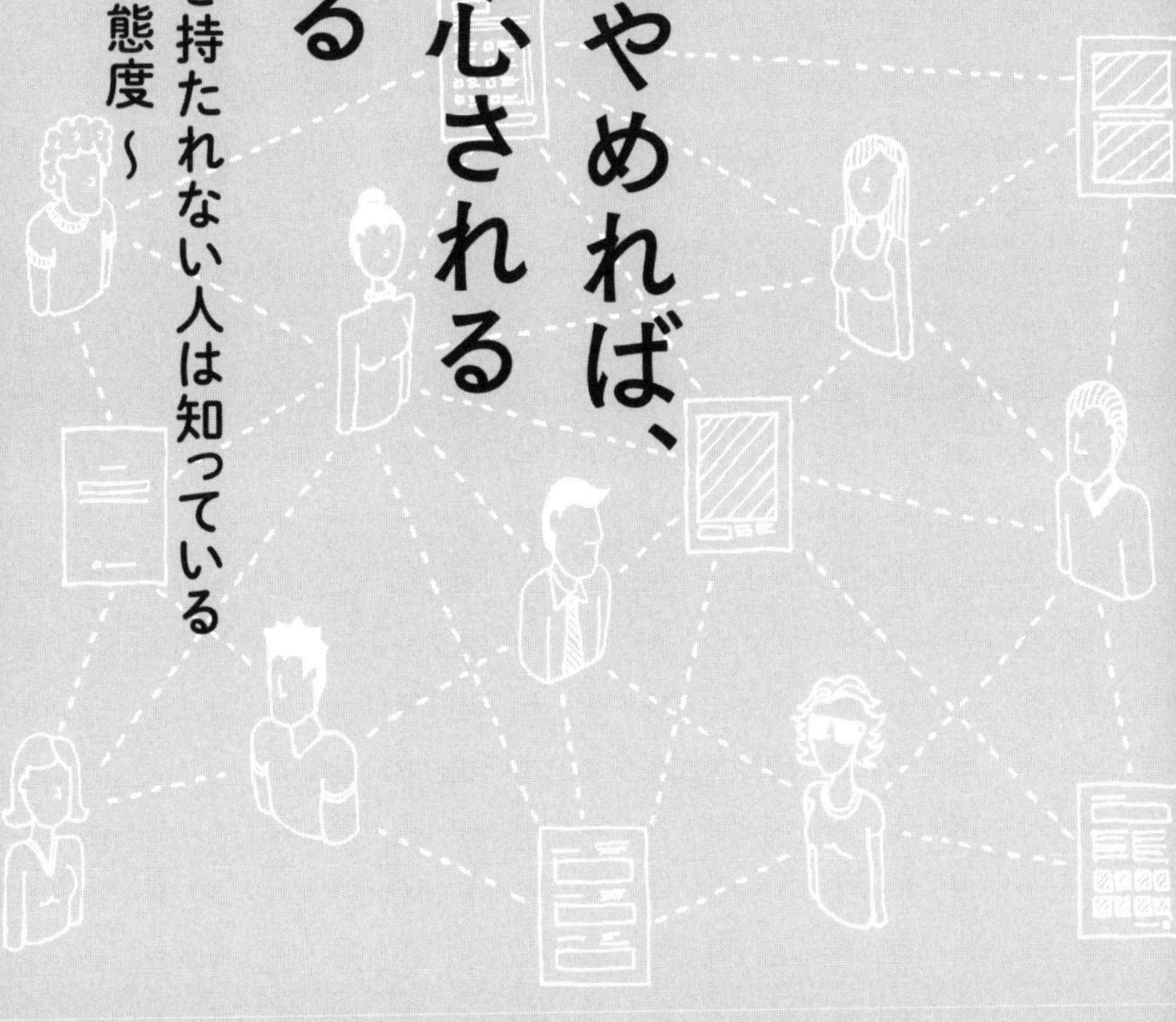

自分を支える3つの感情とは？

人間関係には、「自分が自分をどう思うか」、「自分をどう捉えているか」の自己認識の部分が大きく影響します。

自分のことを受容し、自分を肯定的、好意的に捉えられている自己肯定感が高い状態では、他者に対しても肯定的で好意的になります。

一方、自分を受容できず、自分を否定的に捉えやすい自己肯定感が低い状態では、他者に否定的に見られていると感じやすくなるため、自分が否定的に捉えている自己を守るための保身的な行動を取りやすくなります。

それが対人関係に悪影響をもたらします。

自己肯定感が低いと、些《さ》細《さい》なことで感情的になりやすくなります。人が感情的に反応するポイントの多くは、その人の自己価値が脅かされそうになったり、脅かされるときです。

ウィル・シュッツは『自己と組織の創造学』の中で、私たちには自己概念を支える3つの感情があると言っています。

それが、〝自分は好かれている〟という**「自己好感」**、〝自分は重要（大切）である〟という**「自己重要感」**、〝自分は能力がある〟という**「自己有能感」**です。

これらの感情が脅かされたと感じたときに、人は傷つき、感情的に反応しやすくなります。

この「好かれたい」「重要であると感じたい」「能力があると感じたい」という感覚は、誰もが根源的に持っている欲求で自己肯定感に影響します。

対人関係では、相手に対してこのどれかを損なう言動をすると、相手の怒りを買いますし、ここを満たす働きかけができると、相手との関係は良好になります。

自己保身のパターンを知ると安心して人とつながれる

自己肯定感が高いことが重要となるのは、何か困難な状態や失敗、批判や拒絶など、自分にとって受け入れがたい状況に直面したときです。

そこで、求められるのは動揺せず、落ち込まないことではありません。たとえ動揺して落ち込んだとしても、自分を迅速《じんそく》に立て直して、問題に前向きに対処することです。

「人は脅威を感じたり、当惑したり、自己価値を脅かされそうになると、無意識に自分の中に深く根差した行動の〝マスタープログラム〟に戻ってしまう」

と、組織行動学のクリス・アージリス（Chris Argyris）博士は述べています。

そのときの行動は、**自分の地位や面目を保つために、頑なまでの自己防衛的態度で自分を正当化しようと、あらゆる脅威に対する反射的な行動を取る**というものです。

それは無意識なので、自分がそうしていることすら、全く気づかないと言います。

この態度や行動が反射的に出やすいと、人との良好な関係は築きにくく、それが対人関係を阻害する要因となるのです。

そこで、自分が取りやすい保身的な態度や行動の背景に、どのような感情が隠れているのかを認識できると、自分では気づいていない対人関係を阻害する要因に気づくことができます。

あなたが誰かに対して、嫌な気持ちや感情的になるときは、なんらかの自己防衛のスイッチが入ったサインです。それは、何かに反応して、自己価値が脅かされる危機を察知しているのです。

そこに気づく頻度を増やせると、自分が反応しやすい特定の状況や自己保身のパターンがわかってきます。

そのパターンを認識し、自己肯定感を高めていけると、自己価値が脅かされるという感覚が減り、他者に対しても、自分を過度に守る必要がないと理解できるので、そこではじめて、安心して他者と関われるようになるのです。

自分も相手も取りやすい“6つの自己保身的”行動と態度

人が他者との関係で取る行動には様々なものがありますが、理由のない行動はありません。

行動の背景には、「自分が自分をどう思うか」の「自己認識」とともに、「相手からどう思われているか」という自分が感じている感情が影響しています。

自己保身や自己防衛的な態度や行動は、自己に対する脅威となるものに対して取られるものです。

それが背景にあることを理解した上で、ここからは具体的に、私たちが自分を守るために無意識に取ってしまう保身的行動や態度をタイプ別にご紹介します。

どんな自分に悩まされるのか、その特徴を知れば、自分が取りやすい行動の傾向がわかり、その行動の理由となる背景を知ることができます。

また、他者の「こんな行動に悩まされている」という部分があれば、その行動や態度の背景に、相手が無意識に取っているどんな自己保身があるのかを理解するヒントになります。

- **他者からの承認を過度に求めるタイプ**
- **自分にも他者にも完璧を求めるタイプ**
- **他者よりも常に優位になろうとするタイプ**
- **人を過剰に援助しようとするタイプ**
- **自己非難、自己否定をするタイプ**
- **自分は関係ないと問題から逃避するタイプ**

以上6つのタイプをご紹介しますので、参考にしてください。

他者からの承認を過度に求めるタイプ

まずは、他者からの承認を過度に求めるタイプについてご紹介します。

【行動の傾向】

・人からの承認がないと不安
・自分より相手を優先して頑張る
・人からどう思われるかを常に気にしてしまう
・人から意見を言われると、否定と受け止めやすい
・口には出さないが、自分を特別に扱ってほしい思いが強い
・相手の考えに振り回されやすい
・意思決定を避ける傾向

・責任を取ることを避けようとする
・自分の意見は言わず、人に合わせやすい
・嫌われたくない、いい人と思われたい気持ちが強い
・他者に過度に気を使う

【行動の理由】

人から肯定的な働きかけを与えてもらうことで、自己価値を保とうとしています。

どの行動においても、人に意識を向けているようで、関心は自分に向けられています。

自分がやったことに対して、期待通り、または、それ以上のものを他者から与えてもらえないとひどくがっかりし、不満になりやすいのが特徴です。

一方で、他者からほめ言葉や承認を与えられても、自分で自分を認めていないので、そこになかなか満足することができません。

承認をもらえないと常に不安で、他者に対して承認を求める気持ちを止められません。

自分にも他者にも完璧を強く求めるタイプ

次に、自分にも他者にも強く完璧を求めるタイプについてお話しします。

【行動の傾向】

・「完璧であるべき」という価値観を自分にも他者にも押し付ける
・ちょっとしたミスが許せない
・間違いや失敗を極度に恐れる
・努力を認められず、成果に満足できない
・あいまいさを許容できない
・うまくいったところより、うまくいかないところにフォーカスする
・人にも、自分にも、満足することがない

【行動の理由】

無意識の中に、

「ダメな人間だと思われたくない」

「能力がないと思われたくない」

という恐れが強く、完璧であることで、自己価値を証明し、不安を払拭《ふっしょく》できると信じています。

結果を出し、ゴールに到達できたとしても、すぐに不安から次の獲得目標にゴールを置き換えるので、達成した感覚や満足を得にくく、プロセスや努力、経験をなかなか自己価値に積み上げていけません。

常に〝もっともっと〟と、追い立てられている感覚を持ちやすく、これ以上頑張れなくなったときに、心が折れてしまうことがあります。

他者より常に優位になろうとするタイプ

続いて、他者よりも常に優位になろうとするタイプについてです。

【行動の傾向】

・常に人の批判をする
・自分がいかにできるか、凄《すご》いかをアピールする
・人から意見されると、攻撃されたと受け取りやすい
・人と比較して優位性を感じることで自信を持つ
・自分を正当化することに躍起《やっき》になる
・立場が危うくなると、相手を攻撃し、横暴になる
・何でも口を出す、自己を通さないと不満になる

・周りをバカにしやすい
・人にアドバイスしたがる
・自分の非を認めず、人のせいにしがち

【行動の理由】

「自分は優れている」「自分は能力がある」と思いたい願望が強いために、それを証明しようと躍起になります。

無意識の中に隠れているのは、「できない人と思われたくない」という強い思いです。

対外的に何か証明するものがないと、自己価値を保てないため、わかりやすい「他者との比較」で自分の優位性を示そうとします。

プライドが高く、負けを認めたがりません。勝ち目がない相手には媚《こ》びへつらう面が出ることもあります。

外見は、自信満々のように見えますが、自己価値が脅かされそうになると一気に攻撃的になりやすい面があります。

人を過剰に援助するタイプ

人を過剰に援助するタイプについてもご紹介します。

【行動の傾向】

・常に誰かの役に立っていないと不安
・相手が助けを欲しているかどうかにかかわらず、自分ができるあらゆる方法で相手を助けようとする
・自分や身近な家族が抱えている問題は放っておいてボランティアに精を出す
・自分を必要と感じてくれる人を常に探す
・恋愛では相手に尽くし過ぎる
・自分が疲弊していても、他者を助けるべきと感じている

・過保護、過干渉

【行動の理由】

他の人の問題に集中すれば、自分が抱えている問題に向き合わずにすみ、自分の問題から目をそらすことができます。

他者の役に立ちたいという純粋な貢献の気持ちからではなく、「満たされない自分のため」の自分や自分の不安を埋める行為になっているのです。

他者の役に立てれば、自分が必要とされていると感じられますが、それが自己犠牲からの補償行為になると、いくら人を助けても自分の満足にはつながりません。

そこで、他者から期待通りの反応が得られないと、自分の不安を埋めるために行為がさらにエスカレートすることもあります。

自己非難、自己否定をするタイプ

自己非難、自己否定をするタイプについてもお話しします。

【行動の傾向】

・「私なんて」「どうせ無理」と思ってしまう
・自分は「かわいそう」で「悲劇のヒロイン」であると思う
・「私なんて」と思ってしまう
・自分はわかってもらえないと感じ、容易に人に心を開かない
・褒められるのが苦手
・何かあると自分が非難されていると感じる
・「どうせ私が悪いのです」と思う

・なんで、自分ばかりと思う
・仕事をひとりで抱え込みやすい

【行動の理由】

何かあると自分を責め、物事と自分を関連付けて否定的に捉えやすいため、常に不安を抱えています。

その背景には、能力がない自分、人の期待に応《こた》えられない自分を正当化し、先に自分を責め、非難することで、他者から責められないようにしています。

「かわいそうな私」、または、犠牲者であること、不幸である自分を選択することで、他者から同情を買い、無意識に自分を守っているのです。

自分の殻に閉じこもる傾向が強く、失敗を過度に恐れるので、なかなか行動に移すことができません。それが主体性を持って生きることを難しくします。

自分は関係ないと問題から逃避するタイプ

最後に、自分は関係ないと問題から逃避するタイプについてです。

【行動の傾向】

・何か問題が起こっても無関心をよそおう
・自分には関係ないと、関わることを避ける
・本気にならない
・自分に都合が悪いことは、興味のないふりをする
・問題があっても解決しようとしない
・いい人を演じる
・人と深く関わることを避ける

・困難に直面することを避けようとする
・困難な状況から逃げ出す

【行動の理由】

自分の能力への不安があると、「自分に関係ない」という態度を取ることで、問題に巻き込まれるのを避け、自分にとって都合の悪いことは、興味のないふりをして、関わるのを避けようとします。そうすることで、自己価値が危機にさらされることを回避し自分を守っているのです。

また、人と関わらないことで自分がうまくいかないことや、困難に直面して失敗するリスクを回避しています。

「まだ、自分は本気を出していないから」と、本気を出していないことを言い訳にして、行動を起こさないことで、自分のプライドを保とうとする傾向も見られます。

直面した問題や課題に向き合うことを避けるため、大きくなってから問題が発覚することもあります。

無意識にやってしまう「保身」は相手の感情を乱す！

自分が認めたくなかったり、自己価値を感じられていないことから目をそらそうと無意識に取ってしまう行動や態度が「自己保身」です。

ここでご紹介した「自己保身」のパターンは、多かれ少なかれ誰もが持っているものですが、自己肯定感が低いとその頻度は多くなります。

そこで、自分の中のどんな考えが自己価値を脅かし、自己保身の行動や態度に駆り立てるのかを理解し、自己肯定感を高めていくことが大切なのです。

すると、自己保身の行動は減り、安心して他者との関係を築いていけるようになります。

では、自己肯定感は、どのように高めていけばいいのでしょうか。

次の章から、その方法をご紹介していきます。

第2章
ポイント

◇自己価値が脅かされると、人は感情的に反応する

◇誰かに対して嫌な感情になるときは、自己防衛のスイッチが入ったサイン

◇自己肯定感が低いと、自己保身が強くなる

◇自分のどんな考えが自己保身の行動や態度に駆り立てるのかを理解する

◇自己肯定感が高まると、自己保身が減り、安心して他者と関われる

第3章

絶対的自己肯定感を高める5つのステップ

〜ゆるがない人間関係のベースをつくるために必要なこと〜

「絶対的自己肯定感」と「社会的自己肯定感」

自己肯定感は、２つの部分からなっていると考えると理解しやすいでしょう。

土台となるのが、

「自分の存在そのものを認める自己肯定感」

です。

もうひとつは、その上に積み上げる、

「他者評価や相対的評価からなる自己肯定感」

です。


ここでは、前者を「絶対的自己肯定感」、後者を「社会的自己肯定感」と呼ぶことにします。

前者は、

「自分には他人に自慢できるところや、他人よりも優れたところがあるからと、自分を肯定する感覚ではなく、自分のダメなところや弱いところ、悪いところも含めて、自分が存在していること自体をまるごと肯定する、存在レベルの自己肯定感」

で、さらに、

「この自己肯定感は身近な人間（たとえば親）にかけがえのない存在としてまるごと愛され、その苦しみを共感され、ありのまま受け入れられる共感的な人間関係の中でこそふくらんでくるものである」

と、自己肯定感研究の第一人者である高垣忠一郎氏は述べています。（『生きることと自己肯定感』〈新日本出版社〉より）

この感覚は子どもの頃、親や養育者から自分の全存在をまるごと受容してもらうことで、自らの個性や自分らしさに目を向けられ、それを受け止め、受容することで育まれます。

それに対して、後者の「社会的自己肯定感」は、仕事の成果や社会や他者からの相対的な評価、自ら努力することで得られる達成感や成功体験を自分で肯定的に受け止めることで育まれるものです。これは環境や状況などに左右されます。

絶対的自己肯定感が土台！

自己肯定感が高い状態では、この2つのバランスが取れています。

しかし、これまで25年間で多くの人と関わらせていただく中で、その大部分が土台となる「絶対的自己肯定感」を十分に持てていないことで、様々な問題を抱えていらっしゃいました。

存在そのものを認める「絶対的自己肯定感」が低いと、どうしても自分の付属物である能力や成果で自己価値を保とうとして頑張ります。

すると、成果が出ているうちはいいのですが、うまくいかず結果に結びつかなかったり、失敗をしてしまうと自信を失い、とたんに自己評価を下げてしまうのです。

それが様々な悩みをつくり出します。

「社会的自己肯定感」は、他者評価や結果などが拠《よ》り所になっているので、外的要因によって左右されやすく、それだけで自己を保とうとしても状況が変わると、自分を支える術を簡単に失ってしまいます。

「絶対的自己肯定感」は、外的要因や他者評価がどうであっても、自分の存在そのものの価値は揺らがないという感覚が持てるので、何があってもその土台は崩れません。

本来、「社会的自己肯定感」は、「絶対的自己肯定感」が持てると、自らの努力や成果、結果とともに、他者からの評価も、健全に自己価値として受け止め、真の自信として積み上げていけます。

自己肯定感が低いと感じている場合、どちらの自己肯定感が低い傾向にあるのかを知ることで、本人が直面している問題の本質が見えてきます。

土台に「絶対的自己肯定感」がないと能力や成果、結果などの自分に付属しているものをかき集めて自己価値を支えようとしてしまいます。

「社会的自己肯定感」だけで、これまで自分を支えていた人は、「絶対的自己肯定感」

をバランス良く高めていけると真の自信を持てるようになります。

すると、なかなか社会的な成果が出ないときや、失敗やうまくいかないことで落ち込んでしまうときでも、そこで過度に自己否定せずに自己価値を保つことができるので、何か困難があっても、それに打ち勝ち、乗り越えていけるのです。

「絶対的自己肯定感」は子どものときの、親や養育者から自分の全存在を受容し肯定してもらうことで育まれますが、実際は、そこを子どものときに十分育まれずに大人になった人がほとんどです。

では、そこが低いままきてしまった人は、どう立て直していけばいいのでしょうか。大人になったらもう手遅れということではなく、「自己肯定感を高めるステップ」を踏めば、誰もがいつからでも低かった自己肯定感を立て直すことができるのです。

これから、多くの人に実践していただいて、実際に効果があった「自己肯定感を高めるための基本ステップ」をご紹介していきます。

自己肯定感を高める5ステップ

自己肯定感の土台である「絶対的自己肯定感」は、「何ができるか」「何を持っているか」「人と比べて優れているか」というような「能力や才能」など、自分に付属しているものや獲得するものによって左右されるものではありません。

誰もが生きているだけでかけがえのない存在であること、条件を付加しないで、自分の存在そのものをOKする感覚なのです。

本来は、子どものときに、親や身近な養育者から愛情を受け、自分の全存在を無条件に受け入れてもらえているという経験の中で育まれていきます。

しかし、様々な理由で、その感覚をしっかり持てないまま、大人になってしまった人が多いのです。

大人になった私たちが、この土台を自ら育んでいくには、誰よりも自分の理解者になり、自分を認識して自己受容し、自らを承認していくことが必要です。
そこで、自己肯定感を高める5つのステップをご紹介していきます。

ステップ1　ありのままの自分を認める
ステップ2　ありのままの自分を受け入れる
ステップ3　ありのままの自分を大切にする
ステップ4　自分の価値を感じる
ステップ5　自分を信頼する

この1から3までのステップを踏むと、「絶対的自己肯定感」が高まっていきます。すると、自分を好意的に感じられるようになり、この3までのステップを繰り返し自分のものにしていくと、自分に価値を感じられます。
さらに様々な経験を重ねていく中で自己信頼が高まっていきます。それが自分の自信となる「社会的自己肯定感」につなげていけるのです。

ステップ1 ありのままの自分を認める

今の自分を直視して、自分をあるがまま見てあげましょう。

「自分のありのままを認める」とは、自分の良いところだけでなく、嫌だと思うところや弱点、短所がある自分であっても、過去に失敗をしたり、まだまだ満足できない自分であっても、そんな自分のあり方すべてを含めた、まるごとの自分を認めることです。

様々な気質や要素を持っている自分を、「いい、悪い」で判断せずにそのまま認めていきます。

以前、私の研修を受けたDさんは、自分の短所は「部屋をそうじできないこと」だと思っていました。そこで、部屋が汚くそうじができない自分を認めてしまうと、「そうじをする自分」をあきらめてしまうことになるのではないかと強い抵抗感を持ちました。

しかし、「そうじをする」という次のステップに進むにも、いったん、「そうじができていない」という自分の現状を認めることが非常に重要です。

たとえ、今は望む状態でなくても、現状を見ないふりせずに、これが今の状況なのだと認めます。

現状が理想とかけ離れた状態であっても、今の完璧でない自分をそのまま認識します。そこで、「そんな自分が嫌」と感じている自分がいることに気づいたら、**「そう思ってしまうのも、無理もないよね」と共感してあげます**。すると、安心してありのままの自分を認めてあげられます。

人間関係で、自己肯定感の土台となる、自分のあるがままを認められると、相手のそのままを認められるようになります。

ステップ2 ありのままの自分を受け入れる

ステップ1で、あるがままの自分の現状をそのまま認められたら、**その自分をまるごとOKしてあげましょう**。

「自分を受け入れる」とき、「受け入れる」という感覚に抵抗を感じる方がいますが、自分が持っている気質や個性、自分が置かれている状況や、自分のあり方や境遇などをそのまま自分のものとして受け止めてみましょう。

それは、自分のネガティブに思える部分も、そうなった状況や経緯など、自分を取り巻くすべてを理解しようとすることも含まれます。

ここで、あるがままの自分を「これが自分」と許容することで、自分が持つ自分らしさや個性を受け止められるようになります。

このように、世界で唯一無二の「自分の存在そのもの」を受け入れられると、自己肯定感の確固たる土台を持てるのです。そして、「自分は自分」と思えるようになるのです。

ステップ1で自分の短所は「部屋をそうじできないこと」と思っていたDさんは、その現状を直視し、「自分はそうじができていない」ということを認めました。

次にこのステップ2で「ありのままの自分を受け入れる」にはどうしたらいいでしょう。

この場合、認めたくない現状を「受け入れる」ときに重要となるのが、**その状況をつくり出している理由を自分が理解してあげること**です。

そこで、自分が見ようとしていなかった「そうじができない状況」をつくり出している理由に目を向けてみるのです。すると、自分で納得することができます。

Dさんの場合は、残業続きの毎日で、一人暮らしの部屋に帰ると、ベッドに倒れ込んで、気づくと朝、という日もあったといいます。

そうじができない自分はダメだと責めていたけれど、そうじができない状況になっているのは、あまりにも疲れていたからで、そうじをするよりも休みたいという気持ちが勝ってしまう日が多かったからだと気づきました。

この理由を自分で理解してあげることが、今の状況を受け入れることなのです。たとえ、できないところがあっても、そこを責めたり、否定しないで、「それも自分なのだ」と引き受けてみましょう。

人間関係では、自分が受け入れられると、他者のことも許容しやすくなります。すると、自分を受け入れられていないと感じることで取っていた、他者に対する保身的な行動が少なくなり、目の前の相手と安心して関わることができるので、それが他者との関係にも良い影響を与えていくのです。

ネガティブを認めることで、安心して〝次のアクション〟を起こせる

ネガティブな部分を持っている自分や、満足できない自分を受け入れることに抵抗を感じる人は少なくありません。

そう感じてしまう人は、そんな自分を受け入れることは「今の自分に妥協して、成長を止めてしまうのではないか」、「自分をあきらめて、開き直ることなのではないか」と考えてしまうので、そのままの自分を認めることに抵抗を感じてしまいます。

ここでお伝えしている「自分を受け入れる（自己受容）」とは、自分のネガティブな部分に目をつぶって、その部分をないことにすることではありません。

自分の現状をありのまま認識することなのです。

それができて、その部分をどうにかしたいと思えれば、そのために何ができるかを

考え、自分を成長させる次のアクションにつなげていくことができます。

すると、次のアクションは、**「○○したい」という健全な意欲を原動力に、安心して内発的動機から動き出せるようになる**のです。

一方、現状を受け入れられずに、ネガティブな部分がある自分を責め、「このままではダメだ」と、「自己否定感」からの行動は、常に「不安や恐れ」が頭を離れません。

すると、その不安を払拭《ふっしょく》するために自らを叱咤激励《しったげきれい》し、負荷をかけた行動で、成果を出し続けようとするのです。

そこで成果が出て一瞬は満足できても、その原動力は、「自己否定感」なので、再び「まだ足りない」、「まだまだダメだ」という感覚が頭をもたげるのです。

それが、絶えず新たな獲得目標をつくらずにはいられなくさせます。そうなると、永遠に自己価値を証明するために、頑張り続けなければならなくなるのです。

ステップ3 ● ありのままの自分を大切にする

「ありのままの自分を大切にする」とは、心身ともに、自分を心地よくすることや自分の健康にも意識を向けることはもちろん、**自分の感情や気持ちを理解して、どんなときも自分の一番の味方になり、自分に愛情を注いであげること**も含まれます。

ステップ2で、「部屋をそうじできないこと」を短所と思っていたDさんは、「そうじができない状況」をつくり出していた理由を見つけて、その自分を理解してあげました。

そこで、このステップ3では、あまりにも疲れていたから、「そうじをするより休みたかったのだ」という気持ちを受け止めて、そうじより休息を自分に与えてあげます。

部屋が乱雑なのは気になるけれど、寝たいだけ寝ることを許可したり、体の疲れを取るために、マッサージに行ったり、十分休ませてあげると、次第に心と体が元気になります。

すると、Dさんもあんなにできなかったそうじが、誰に言われたわけでもないのに、なぜか自然に「部屋をきれいにしたい」という意欲がわいてきたのです。

自己肯定感を高める上で、感情を切り離して考えることはできません。「感情を理解する」ことは、「自分を理解する」ことです。それが、自分を大切にすることになります。

自分の中にわき上がるさまざまな感情がどんな理由でできているのかを理解してあげると、感情に飲み込まれ、振り回されることがなくなります。

たとえ嫌な気分になっても、その気分をつくる感情に、いい悪いという区別はありません。どんな感情もあなたにとって意味があって生まれていると理解して、その感情を受け止めてあげることが重要なのです。

この1から3のステップは、日常の様々な場面や状況で自分と向き合い、何度も繰り返し実践すると、「絶対的自己肯定感」の土台がつくられていきます。

すると、少しずつ自分が自分であることへの安心感が生まれ、心から自分を受容し、承認できるようになり、自分を好意的に受け止められるようになるのです。

他者との関係においては、自分を理解して大切にできると、相手のことを理解し、大切にしようと思えます。

相手からも大切にされ、理解されている感覚になるのです。

人は自分を理解してくれようとする人を信頼します。

このように、まず自分を理解できると、他者を理解しようとする気持ちが生まれ、それが他者との信頼のベースとなり、人間関係を良好にしていくのです。

ステップ4　自分の価値を感じる

ステップ1から3を繰り返し実践していくと、自分をより承認できるようになり、それが自己評価を高めます。ここまでで自己肯定感はすでに高まっています。さらに、様々な経験を重ねていく中で、自分に対しての自信につなげていけるのです。

自分の価値というものは、自分ではなかなか感じにくいものかもしれませんが、ここでは「自己評価」と「他者評価」の2つの側面から見てみましょう。

自分の行為や言動、努力や成果に対して、「自分は良くやった」と自分で認められると自己評価につながります。

それが他者からである場合は、他者評価になります。

「絶対的自己肯定感」が持てると、他者からの評価も肯定的に受け止め、健全に自己価値として積み上げていけます。

そこで、「社会的自己肯定感」を高めていけるのです。

さらに、何かチャレンジをしたときに、たとえ思い通りの結果が得られなくても、その結果を受け止め、その結果から何を学べるか、その経験を次にどう生かしていくかを考えていくプロセスが自己価値となり、成長につなげていけるのです。


ステップ3で「部屋をそうじできないこと」を短所だと思っていたDさんが、そうじができない理由を理解し、そうじをするより、まず疲れた体を休めることで、心と体が元気になりました。そして、そうじへの意欲が生まれました。

そこで、ステップ4では、そうじをするより休みたいという気持ちを受け止めて、休むことができた自分や、体の疲れを取るためにマッサージに行けた自分を「良くできた」と認めてあげるのです。

また、「そうじへの意欲がわいた」、「1カ所でもそうじができた」としたら、それも「良くやれた」と評価してあげます。

自分にしかわからない小さなことや、小さなステップであっても、そこを見逃さずに認めることで、自己評価につなげて、自己価値を感じられるようになるのです。

他者との関係においては、自分を評価し、自己価値を感じられていると、他者との優位性によって自己価値を決める必要がなくなるため、保身的行動を取らずに、安心して相手を評価し、相手の価値を認めることができます。

すると、安心して相手と関係が築けるのです。

自分の価値を感じられると、人間関係はうまくいく！

絶対ルール！　結果と自分は切り離すこと！

人生に失敗や間違いはつきものです。完璧な人などいません。

しかし、そうわかっていても、物事がうまくいかず、失敗したときには自己価値が危うくなります。

「失敗した出来事＝ダメな自分」と捉えてしまうと、その状態で自己価値を保ち続けるのは難しくなります。

また、ミスや失敗を他者から指摘されて、自分が責められた感覚になるのは、「結果（行為）」と「自分」を同一視してしまっているからです。

そんなときに、過剰に自己否定せずに、自分の価値を保つためには、自分の「結果（行為）」と「自分そのもの」を切り離して考えることが必要です。

どんな結果であっても、結果（行為）と自分を切り離して考えられると、結果が自分そのものの存在価値を揺るがすものにはなりません。

それができると、ミスをしても、そのミスに対して、どうすればいいのかを考えればいいので、そこで「自分の人格まで否定された」と考える必要はなくなります。

たとえば、職場の会議で、あなたの意見が誰かに反論されても、相手はあなたを攻撃したわけではなく、あなたの意見に対して、単純に反対意見を述べただけです。

そこで、相手は自分の「行為や結果」について指摘しただけで、自分を否定してはいないと理解できれば、あなたは、相手に安心して意見を伝えられるのです。

これが、「行為」と「自分」を切り離して考えるということです。

ステップ5 ● 自分を信頼する

「信用」には担保や信用するための根拠が必要となりますが、**「自分を信頼する」とは、自分を無条件に信じられること**です。

ステップ1から3で、「絶対的自己肯定感」の土台ができて、ステップ4の自分の価値を感じられるようになると、外的状況がどうであっても、そのままの自分を信頼できるようになります。

これが確固たる自信をつくります。

ステップ4で「部屋をそうじできないこと」を短所だと思っていたDさんは、自分に対して、できたことを「良くできた」「良くやれた」と自己評価して、自己価値につなげていけました。

ステップ5では、今後、そうじができない状況に陥《おちい》っても、

「自分なりにその状況に対処できる、自分ならなんとかできる」

と自分を信頼できるようになります。

対人関係においては、自分を信頼できると、同じように他者を信頼することができます。

すると、他者からも信頼されていると感じられるようになり、他者との関係はさらに良くなるのです。

自分を信頼する＝自分を無条件に信じる

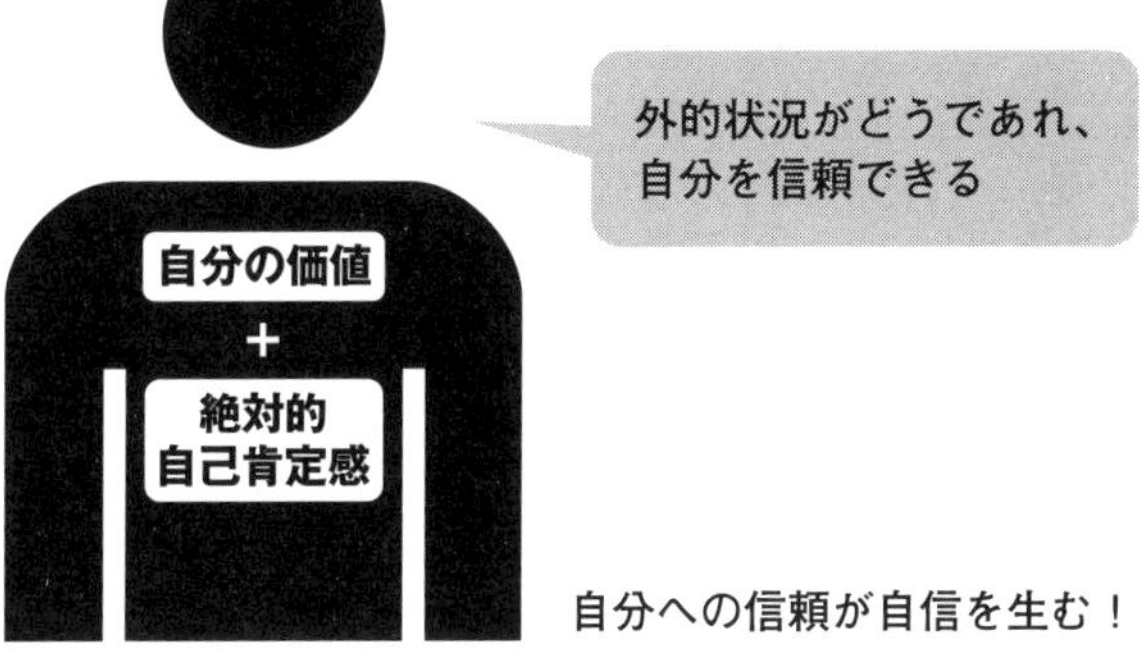
外的状況がどうであれ、
自分を信頼できる
自分の価値
＋
絶対的
自己肯定感
自分への信頼が自信を生む！

「自己効力感」まで持てれば、未来を確信できる

自己肯定感が高まり、自分への絶対的な信頼感が持てると、これからやろうとしていることに対して**「自分がやることはうまくいくはずだ」**、**「自分ならできるはずだ」**と未来の自分を信じることができます。

それを「自己効力感」と言います。

この感覚が持てると、自分の可能性や能力を信じることができます。

どんなことも自分ならできると確信を持って取り組むことができるので、たとえ大変な状況に直面しても「自分なら乗り越えていける」と信じて、困難に打ち勝つことができるのです。

自己効力感は、カナダの心理学者であるアルバート・バンデューラ博士によって、定義されました。

博士は著書（『激動社会の中の自己効力 <SELF-EFFICACY IN CHANGING SOCIETIES> 金子書房）の中で、

「自己効力感を持てると、人は逆境にあっても、それがよい方向へ物事を変化させていけると信じられ、自分の能力に対して楽観的で肯定的な見方ができる」

さらに、

「困難な仕事を、避けるべき脅威としてではなく、習得すべき挑戦と受け止めて進んでいくことができる」

と述べています。

この「自己効力感」が持てると、いろいろなことにチャレンジをしようとする意欲と、自ら人生を切り拓《ひら》いていく力が持てるようになるのです。

双方向で納得できるコミュニケーション術「I'm OK. You're OK」

アメリカの精神科医エリック・バーンが「交流分析」の中で提唱した「I'm OK. You're OK」という考え方があります。

これは、自分と他者の違いを受け入れ、お互いの存在価値を認めていくことで、自分らしく、個性を自由に表現して、他者と健康的に関わるための土台となります。

この姿勢が持てる人と一緒にいると、安心して助け合い、思いやりを自然に発揮できる環境がつくれます。仕事面でも協働体制が取れます。

この「I'm OK. You're OK」の考え方を持てると、お互いを尊重して「自己肯定感」を高め合える関係になれます。それが、円滑なコミュニケーションにつなげていけるのです。

コミュニケーションの自己表現には、3種類あるといわれます。

自分も相手も尊重する「I'm OK. You're OK」のアサーティブ（主張的）。

自分は尊重するが相手は尊重しない「I'm OK. You're not OK」のアグレッシブ（攻撃的）。

自分は尊重せず、相手は尊重する「I'm not OK. You're OK」のノンアサーティブ（非主張的）です。


これらの自己表現には、自己肯定感が大きく関わっています。

自己主張が強く、相手の言い分や気持ちを無視や軽視して、相手を思い通りに動かそうとする「アグレッシブな人」は、堂々としているように見えます。

しかし、必要以上にいばっていたり、強がっている態度は決して、自己肯定感が高いとは言えません。根底には自信のなさが隠れています。

自分の考えを表現しないで、一見相手に譲っているように見える「ノンアサーティブな人」は、自分からコミュニケーションを取ることを放棄しています。自信がなく、自己肯定感は低いと言えるでしょう。

このどちらも保身的で他者と公平な関係は持てず、どちらかが不満やストレスをためやすい状況をつくります。

そこで、率直に自己を表現し、同じように相手の考えも尊重できる「アサーティブな人」を目指すには、自己肯定感が重要なのです。

自己肯定感が高いと、たとえ自分と相手の意見が食い違っても、すぐさま折れて相手に譲《ゆず》ったり、相手が自分の考えに同意するかしないかで不安にはなりません。

その考えの違いを理解しながら、意見を出し合えます。

このように自己肯定感が持てると、お互いが相手を尊重しながら、歩み寄ることができるので、双方にとって納得いく形を目指していけるのです。

こうすれば〝相手を許容する力〟は自然と身につく

職場や家族であっても、誰もが違う考え方や感じ方を持っています。10人いたら、10人の違った見方や考え方が存在しますが、その多様性を認められると、お互いの違いを尊重できます。

多様性を理解できると、コミュニケーションをするときに、自分のものの見方だけで相手を判断しなくなり、自分と違う考えや振る舞いをする人に対しても許容する幅が広がります。

私は研修でみなさんに、

「あなたは、職場の人たちのどういう行為が我慢できないですか？」

と質問します。

参加者に自分が「一番我慢できない人」を考えてもらい、手を挙げてもらうのですが、たとえば数人の参加者でも、それぞれにまんべんなく手が挙がります。

たとえば、「仕事中に私用電話をする人」、「仕事中に席を立ったまま長時間戻ってこない人」、「不機嫌をまき散らしながら仕事をする人」、「仕事中に私語が多い人」、「会社をよく休む人」「自分から電話を取らない人」、など。

その中で、「一番許容できる人」についても聞きますが、誰かにとって一番我慢できない人が、誰かにとって一番許容できる人になることはよくあります。全員が同じものになることはまずありません。

そこで、それぞれの考え方、ものの見方、価値観などの違いが浮き彫りになります。ここには、どの考えが正しくて、どの考えが間違っているということはありません。誰もが自分のものさしやルールを持ち、それが正しいと思っているからです。

これが、他者を理解する上で非常に重要です。

会社だけに限らず、家族や小さなコミュニティであっても、その中でお互いの共通認識やルールが必要なときに、「言わなくても誰もが自分と同じようにわかっているはず」という考えは通用しません。

そこでコミュニケーションを怠《おこた》れば、個々が自分のルールで判断してしまうので、当然共通ルールから外れた行動をする人も出てきます。

双方向のコミュニケーションでは個々が様々なバックグラウンドや経験から持っている、考え方や価値観の違いがあるという多様性を理解した上で、お互いが伝え合い、確認し合うことが不可欠なのです。

第3章 ポイント

◇大人になってからでも誰もが自己肯定感は高められる

◇自分の存在そのものを認める「絶対的自己肯定感」は人生の土台

◇他者評価を肯定的に受け止められると、「社会的自己肯定感」が高まる

◇自己肯定感は5つのステップで高めていく

◇自己肯定感が高まると、自分への信頼が高まり、コミュニケーション能力が高まる

◇人間関係を良好にする考え方「I'm OK. You're OK」

◇「自己肯定感」が高まると、「自分がやることはうまくいく」と信じる「自己効力感」が持てる

第4章

タイプ別で見る自己肯定感を下げないための対処法

～苦手な人との絶妙なつき合い方～

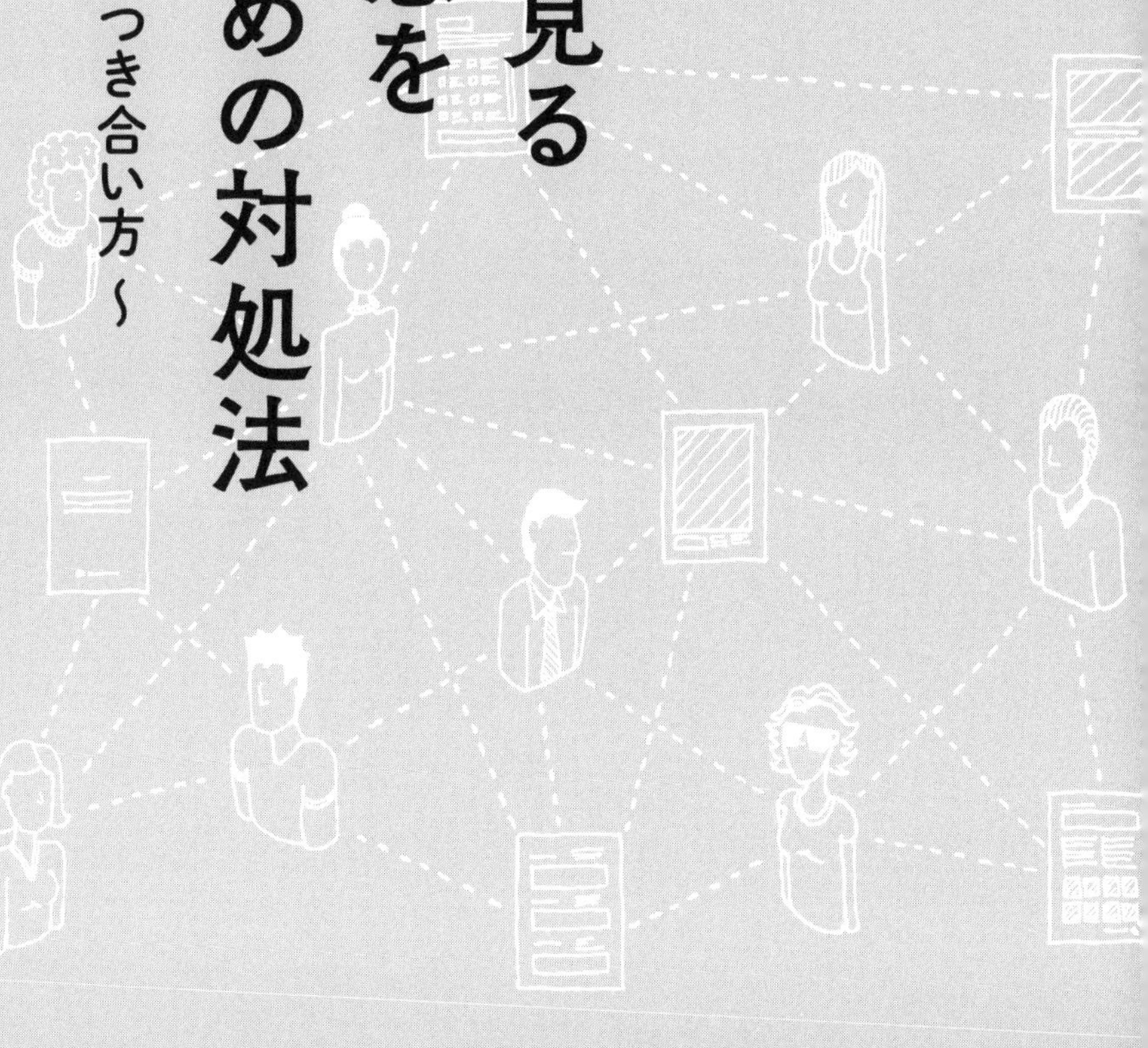

どれだけ求めても〝100%気が合う人〟はどの職場にもいない！

人は様々な考え方や振る舞いをすると知っていても、誰もが現実に職場で関わる人の言動に悩まされ、心乱され、それがストレスとなることが多いものです。

職場で苦手な人や嫌だと思う人がいると、その人の影響を受けてしまいます。それはそのまま、あなたの自己肯定感を下げてしまいます。

職場の人間関係に悩まれている方から相談を受けたケースでは、いくつかのタイプに分けられました。

そのタイプを見ていくと、たいてい悩まされる相手のパターンが浮かび上がってきます。

そこで、第２章でお伝えした対人関係に悪影響を与える「自己保身のパターン」を思い出して、読み進めていただけるとより理解しやすいでしょう。

この章では、

「こんな相手に悩まされる」
「こんな自分に悩まされる」

この２つの視点から、それぞれのタイプ別における対処法をお伝えしていきます。

人間関係では、自分や他人の
自己保身のパターンに悩まされる

グチや不平不満をまき散らす人

仕事中、グチや不平不満などのネガティブな言葉をまき散らす人がいると、意識はそこに向けられ、気分良く仕事ができなくなります。

そのような人の影響はなるべく受けずにいたいものですが、仕事上関わらざるをえない人であれば避けることはできません。

面と向かって、直接ネガティブな言葉を聞かされては非常にストレスを感じます。

それでは、そのような人の言動の背景には何があるのでしょうか。

職場でこれみよがしに不平不満を言うのは、その人が何かをアピールしている場合が少なくありません。

たとえば、自分の立場が不利になりそうだと感じているときに、自分は悪くない、悪いのは自分以外だ、と必死にアピールします。自分の考えと違う人や、振る舞いが異なる人に、自分の正しさを見せつけるために、批判や攻撃をすることで自分を守ろうとします。

自分の自信のなさを隠すために、矛先を他者に向けることでカムフラージュしているのです。決して自己肯定感は高くありません。


それでは、そのようなタイプの人にはどう対処すればよいのでしょうか。

相手の言動が仮にあなたに向けられたものであっても、その人の一番の目的が「自己保身」だとわかれば、それ自体を恐れることはありません。

相手は、「自分を守ること」だけに必死になっている気の毒な人です。

その言葉はあなたを脅かすに値しないと考えられると、その言葉に直接影響を受けずにすみます。

これが、「その人はその人」と、心の中で相手との間に境界線をつくることになるのです。それができると、あなたの心は相手の言動に侵食されません。

この境界線がつくれると、自分を守ることができます。

これに関しては私も会社員時代、自分に言い聞かせていたことがありました。職場の先輩から上司や職場への不満やグチを、ことあるごとに聞かされていたのです。

機嫌が悪いとデスク脇の鉄製のごみ箱を蹴飛ばす先輩の一挙一動にヒヤヒヤしながら、どうすることもできずに相手の言動に耳をそばだてて仕事をしていましたが、自分の中に相手との境界線を持てるようになると、少しずつ楽になりました。

境界線を持てなかったときは、心の中で嫌だ嫌だと思いながらも、相手の言動に影響を受けて嫌な気持ちになっていたのです。

また、グチや不平不満を言う人がいるその場から離れる、という選択をしてもいいのです。

なんの術もなく、その影響を受け続けるしかない受け身の状況だと、精神的ダメージは大きくなります。

自分が決めて、「こうしよう、ああしよう」と、少しでも主体的に行動できると、それだけでストレスは軽減します。

押しが強く主張が強い人

押しが強く、主張が強い人を苦手だと感じる人は少なくありません。

それでは、自分の意見だけを言って、相手の意見を聞かない傾向がある人には、どう対処していけばいいでしょうか。

たとえば、このようなタイプの人が上司だと、話し合いやコミュニケーションを取ることを避けてしまいがちです。


それでは、そのような人の言動の背景にあるものとして考えられるものはなんでしょうか。

押しが強く、主張が強いタイプの人は、相手よりも優位であることを示しながら、その場の主導権を握りたいと思う傾向が強く、強い主張が時として尊大な態度に映ることがあります。その背景にはどこか自己保身的な部分が見え隠れしています。

こういう人には、こちらが冷静になる必要があります。

相手に対してすぐに意見を述べると、それを反論だと捉えられかねません。

そこで、**相手の意見は遮《さえぎ》らず聞くことが必要です**。

その意見に対して、「○○さんは、そう思われるのですね」と、相手の意見をいったん受け止めることができると、相手はあなたが自分を否定しようとしていないと認識できるので、安心してあなたの考えを聞く準備ができます。

その状態をつくった上で、あなたの考えがあれば、「私はこのように思うのです」、「私どもの部署ではこのように考えています」と、**感情的にならずに、客観的に相手に伝えていけると、相手の守りたいプライドを脅かすことなく話し合いができます**。

このタイプの人に対して、一番見せてはいけない態度は、弱気なオドオドした態度です。

相手は強そうに見えても、自分を保てない自信のない部分を隠しています。本当は自己肯定感が低いのです。あなたがビクビクした態度を見せると、相手は自分の見たくない部分が刺激され、イライラして攻撃的になります。

相手が巧妙に、自分の要求を押し付けてきたら、**毅然《きぜん》とした態度でNOと言うことも必要**です。

相手の要求に対して、「ここまではできますが、それ以上はできません」、または、「それ以上は、誰かのサポートが必要です」と、譲歩する提案を伝えながらも、自分の考えを伝えます。

もし、押しの強い相手に一方的な意見を押し付けられて、自分の考えが言えず、理不尽だと思いながらも、それを飲まなければならない状況になってしまうと、強い後悔の念と嫌な感情が残ります。

しかし、押しが強い相手のペースに呑《の》まれずに自分の考えを伝えられると、それだけでもあなたの自己肯定感は保つことができるはずです。

相手の言い分や気持ちを無視して、強い物言いでしか、コミュニケーションを取れない人は、実は自信満々のようで、自分の能力や立場を誇示することなしには、自己価値を保てない自己肯定感が低い人なのです。

　そのような人は、人と良好な関係を築くことはできません。敬遠されることはあっても、人からは好かれにくく、裸の王様になりやすい、気の毒な人なのです。

　しかし、そのような人にも、あなたが自己肯定感の高い状態で接することができれば、より対等なコミュニケーションを取ることができます。

押しが強く主張が強い人

・優位性を示したい
・主導権を握りたい
・尊大な態度を取る
主張が強い人
とは？
対処法
・話を遮らない
・ビクビクした態度を見せない

人の陰口を平気で言う人

人の陰口を聞いて気分良くいられる人はいません。まして、自分が言われていると知ったら、決して穏やかではいられません。

それでは、「人の陰口を言う人」の言動の背景にあるものはなんなのでしょうか。

本人がいないところで陰口を言う人は、面と向かって相手に言えない人です。だから、相手が不在で、相手が反論できない状況で、一方的に自分の優位性や正当性を、それを聞いている人にアピールしたいのです。

正々堂々と本人には言えません。本当は自信がなく、認められたいのですが、それを正当な理由で得られないので、陰口を言うことで相手を貶《おとし》め、自分への承認を得ようとしているのです。

また、被害者意識の強い人は、自己保身のために、相手を悪者（加害者）にすることで、自分は悪くないことを示そうとします。そのために陰で非難するのです。

そこで、このようなタイプの人を周りはどう見ているかを観察してみましょう。皮肉なことに、陰口を言っている人に対して、周りは誰もその人を尊敬し、素晴らしいとは思わないはずです。

むしろ、不信感のほうが強くなるのではないでしょうか。残念ながら、陰口を言っている本人が意図していることとは、全く逆の印象を周囲に与えていることになります。

それでは、人の陰口を平気で言う人には、どう対処したらいいでしょうか。

自分が陰口を言われていると知れば、誰もが少なからずショックを受けます。怒りがわいてくることもあるでしょう。しかし、その怒りに任せて、**相手と同じ土俵に上がらないことが大切**です。

相手は、自己肯定感が低く、あなたの悪口を言うことで自己価値を保とうとしています。ということは、すでに、何もしなくても相手はあなたには敵《かな》わないと思っているのです。

たとえば、数人で話している状況で、その場にいない人の悪口が始まった場合、そこに居合わせて、その悪口に同調しなければならない空気が感じ取れても、そこで同調する必要はありません。

自分は思ってもいないのに、その雰囲気にのまれて同調してしまうと、後で嫌な気持ちや罪悪感が残ります。

相手が同調を求めてきたら、「○○さんはそう考えているのですね」と返すか、「私はそんなふうに感じる経験をしたことがないのですが」と、相手を否定しない言い方で、相手の考えを尊重しましょう。あくまでも自分の考えは違うことを伝えます。

あなたが空気清浄機になろう！

その場にいることが心地悪かったら、その場を離れることもひとつの手です。

その場を抜け出すことに躊躇《ちゅうちょ》する必要はありません。

仲間意識が薄い人だと思われることを悩まなくてもいいのです。

あなたが陰口に加わる人ではないとわかれば、あなたの前で、誰かの陰口を言おうとする人はいなくなっていきます。

なぜなら、悪口を言っても同調してくれる人がいなければ、陰口を言う人の目的は達成されず徒労に終わるからです。

あなたがそのスタンスを継続していくと、あなたがいるだけで、誰かの陰口を言う雰囲気は払拭され、あなた自身が場を良くする空気清浄機のような存在になります。


あなたが物事のプラスの面を見て、良いところを見ようとする視点を持って仕事に取り組めば、同じ考えの人との関わりが増えてきます。

平気で人を非難して、批判ばかり口にする人は、自分に対しても肯定的な見方ができていません。だからこそ、人を否定的に見ることで、安心を得ようとしているのです。

残念ながら、本人がそこに気づかない限り、相手を変えることはできません。

だからこそ、**「相手の考えは相手のもの」と理解して、「自分は自分」と、自分が心**

地よくいるための選択をしていくことが大切なのです。

それが、相手との間に「健全な境界線」をつくることになります。

心理的に相手のペースに巻き込まれないように、しっかり自分を守ることで、あなたの自己肯定感は保つことができるのです。

人の陰口を平気で言う人とはどう付き合う？

面と向かって相手にものを言えない
正当性をアピールしたい
自信がなく、自分を認めてもらいたい
人の陰口を言う人

対処法

・同調を求められたら、否定せず尊重
・しかし、自分の意見は違うことを伝える

チームワークを乱す人

同じ部署で、仕事を連携して進めていくときや、チームでプロジェクトを進めていくときに、全体の流れや連携を考えず、どちらかというと独自路線で足並みがそろわず、何かやりにくいと感じさせられてしまう人はいないでしょうか。

そのようなタイプの人がいると、チームワークは乱れ、仕事の進捗《しんちょく》状況や成果にも影響が出かねません。

それでは、そのような人の言動の背景には何があるのでしょうか。

周りは困った状況だと考えているのに、当の本人は、それに気づいていないことがあります。

これまでも本人は周りを困らせようという悪気はなく、ただ自分のやり方で仕事をしていただけだったというケースがありました。

単独で仕事をする分には、自分のペースで、自分の責任範囲で進めていけますが、チームで仕事をしていくときに、周りとの連携がとれない人に対してはどう対処したらいいでしょうか。

そういったケースの原因となりやすいのが、スタート前に全体の方針が周知されずに、「言わなくてもわかるだろう」という、暗黙のルールのもとで、それぞれが走りだしてしまったときです。

そうなると、それぞれ自分が認識しているやり方や考えで、仕事に取り組むことになります。

すると、そこから思い違いが起こりやすく、足並みがそろわない状況が生まれます。

そこで、部署内や連携して仕事をする仲間同士で、仕事やプロジェクトをスタートする前に、**お互いが前提として理解すべきルールを言語化して確認し合い、共通認識を持つこと**が必要となります。

言語化されたルールがあれば、その人の行動がそこから外れていれば、論理的に説明することができます。

一番良くないのが、漠然とした方針のもとでスタートして、足並みがそろわない人に対して感情論で訴えて、相手を変えさせようとすることです。それでは相手は納得せず、反発を買うだけかもしれません。

チーム内で共通ルールを確認し合わずに、仕事をスタートして何か問題や困ったことが起こってしまったら、その時点でもう一度、方針やルールを誰もが理解できるように話し合いの場を持つことをおすすめします。話し合いができれば、自他共に自己肯定感を高めることができます。

それでも、チームのルールを理解できずに、仕事をする人がいたら、その場合は、その人がどんな考えで仕事を進めているのかを聞く機会を持ち、チームの方針を伝えてみます。

たとえば、プロジェクトはスピード重視で進めるという、チーム全体の方針があるのに、ひとりだけ足並みがそろわず、周りを困らせている人がいたら、プロジェクトの流れを説明して、どうしても「スピードを重視すること」が重要であることを伝え、「あなたの担当ではどのように協力してもらえますか？」と、相手に考えてもらうといいでしょう。

こちらから一方的に指示する形にしないことで、相手に自発的に足並みをそろえることを促すことができ、自分が決めたことにコミットをしてもらえます。すると、責任を持って取り組んでもらえるようになるのです。

そこで、相手がどうも難しいと感じているようだったら、体制として可能であれば、「周りに何か手伝ってほしいことはありますか？」という問いかけをしてチームで協力してサポートできることも伝えてみてください。

お互いを尊重した話し合いができれば、自己肯定感が下がることはありません。

あくまでもコミュニケーションを重視して、その人だけが悪者にならないように配慮することで、その後のチームワークを良好にすることができます。

世代間ギャップがある人

世代間ギャップは年の離れた人同士で起こりやすい現象ですが、世代による感覚の違いがコミュニケーションを難しくします。

お互いが自分本位で考えるので、話がかみ合わない、何を考えているかわからないという状況をつくりやすくします。

これは職場に限ったことではなく、家族や親子間でも起こりやすい現象です。

では、そのような世代間ギャップがあるときには、どう対処したらいいでしょうか。

世代間ギャップはいつの時代にもあります。そこで、大事になるのが自分の価値観やものさしだけで、相手を判断しないことです。

世代が違う人が大切にしているものや考え方が、自分たちの世代が重要視しているものと違っていたとしても、相手の考えを尊重する気持ちや、相手を理解しようという気持ちが持てるかどうかで、相手との関係は変わってきます。

一番良くないのは、相手に対して、「どうせ言ってもわかってもらえない」と決めつけて、コミュニケーションを取ることをはじめから放棄してしまうことです。

そこでネガティブな感情が生まれれば、自己肯定感は下がってしまいます。

年の差が開いているほど、世代間のギャップは当然あるものだと理解した上で、はじめから相手と理解し合えなくても、相手の考えに興味を持ち、相手の話を聞こうとする姿勢が、相手との心の距離を縮めていきます。

あなたの考えは、これまで生きてきた経験の中で培われたもので、それを正しいと思っています。それは、相手も同じです。

あなたの考えも、相手の考えも、どちらが正しくて、どちらが間違っているということではなく、どちらも正解なのです。**人は年齢に関係なく、自分の考えがベースとなる「正解」を持っています**。

お互いが自分の正しさを主張して、相手を否定し、相手が正しくない理由を述べていては、歩み寄ることはもちろん、わかり合うことは到底できなくなります。

ここで大事になるのが、先にご紹介した「I'm OK. You're OK」という多様性を認め合う考え方です。

相手が大事にしているものが何かわかったときは、自分はそう思えなくても、それは相手が大事にしているものなのだと、相手の考えを尊重できると、相手は自分を尊重されたと感じます。

誰もが自分は尊重されていると感じられると、相手を理解しようという気持ちになるのです。

これでお互いの自己肯定感は高まります。

両者で妥協点を見つけなければならないとき、自分が絶対に譲れないこと以外は相手の考えを受け入れていきましょう。

譲る、譲らないが、自己価値を脅かすと考えてしまうと、絶対に譲れなくなります。

しかし、相手に考えを譲っても、あなたの価値は影響を受けません。

それなら気持ち良く、自分が譲れるところは譲れると、あなたの自己肯定感を下げずに、相手のことも尊重できます。そのあとの関係性はぐっと良くなることでしょう。

長文メールで攻撃してくる人

ＩＴ関係の仕事をしているＥさんから、隣の部署のＧさんから頻繁に長文のメールを送られて、ほとほと困っているという相談を受けたことがあります。

相手のデスクは隣の部署といっても、すぐ目と鼻の先でいつも姿は目にしている人です。

事の発端は、２つの部署で連携してする仕事があり、そのときに他部署であるＥさんの仕事のやり方にＧさんが不満を持ったためでした。

人によっては、面と向かっては何も言わずに、ＣＣを付けて、関係部署全員にメールで非難をしてくる人がいます。

特に感情的になっているときは、メールではなんでも書けてしまうので、攻撃的な文面になります。

まさにGさんがEさんに送ったメールがそうでした。

このようにメールで相手を非難し、大勢にCCで送る人の言動の背景には何があるのでしょうか。

Gさんは、Eさんが間違っていることをCCを送ったみんなに訴えて、自分の正当性を、周りにも認めさせたかったのです。

「自分は正しい、あなたは間違っている」と主張している背景には、自分の立場を守りたいという思いが強くあります。

相手の仕事のやり方は間違っているという不満が、Gさんの自己価値を脅かしEさんを攻撃するという、行動に駆り立てたのです。

ここで大事なのは、長文の攻撃的なメールが来ても、相手の感情に巻き込まれずに、ひと呼吸置いて、反論したい気持ちがあっても、すぐに反論しないことです。

そこで、Eさんには、「あなたが考えてらっしゃることはよくわかりました」と、一度相手を受け入れて、「メールだけでは、伝えにくいニュアンスもありますので、一度お話しする機会を設《もう》けていただけませんか?」とGさんに提案してもらうようにしました。それをすべての人にＣＣを入れて送ってもらったのです。

メールは、主張が一方的で話が平行線になりやすいので、メールで正論をぶつけ合うことは避けたほうが無難です。

直接会うときには、その事情を知っている第三者を交えることをおすすめします。

公平な立場から状況を見られる第三者が入ったことで、メールを送られたＥさんも考えを伝えることができ、冷静に話し合いができました。

メールで攻撃してくる人

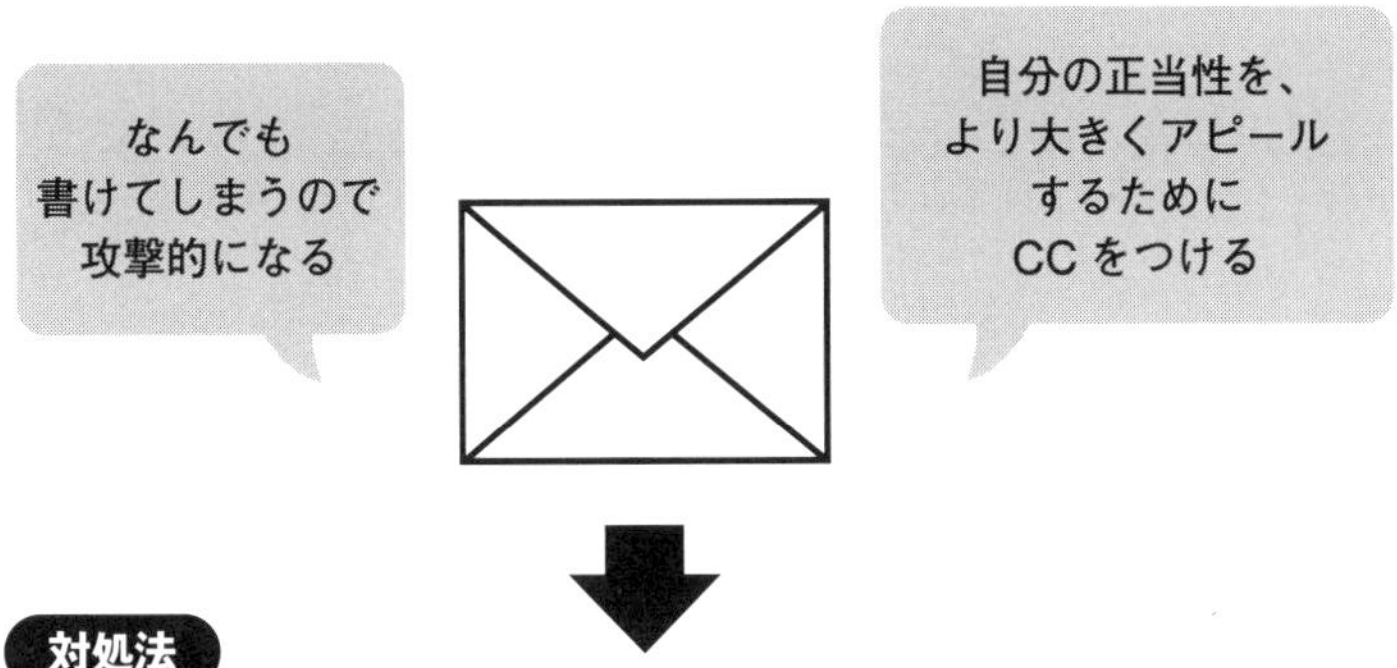
なんでも
書けてしまうので
攻撃的になる
自分の正当性を、
より大きくアピール
するために
CC をつける

対処法

・メールで正論をぶつけない
・微妙なニュアンスを第三者の見守る状況で伝える
・相手の感情に巻き込まれず、すぐに反論しない

パワハラをしてくる人

パワハラやセクハラ、モラハラなどが社会問題になっていますが、その根底には、**パワハラができる立場の人の存在があります。**

パワハラに関しては、我慢せずに訴えればいいという意見もありますが、そう簡単ではないのも事実です。

パワハラをする人があなたの収入を決められたり、部署の異動などをコントロールできる立場の人ならなおさらです。

それでは、パワハラをする人の言動の背景にあるものはなんなのでしょうか。

パワハラをする人は、ドラえもんに出てくる「ジャイアン」のような存在です。

自分はすごいとアピールしたいし、自分の非を認めず、人のせいにします。自分の意見が通らなかったり、自分の立場を危うくする存在には、立場を利用して攻撃したり、横暴になります。自分のストレスの矛先を自分より明らかに弱いものに向ける傾向があります。

反対に、パワハラを受けやすいのは、「のび太」のように、気弱で優しく、どちらかというと自分に自信がなく、自分よりも力が強い相手に意見することができないタイプです。

ターゲットになってしまうと、存在価値を否定される言動の数々で、自己肯定感をズタズタにされてしまいます。すると、うつなどのメンタルシックになりかねません。

あるケースでは、上司という立場を利用して、自分の能力のなさや自信のなさをカムフラージュするために、嫉妬《しっと》の感情から出来のいい部下に嫌がらせをしていた人もいました。そのターゲットにされた部下は、3年間続いたパワハラにとうとう休職を余儀なくされてしまいました。

また、別のケースではいつも決まって夜の0時に上司から仕事の確認や翌日の指示があり、そこで電話に出なければ次の日に叱責《しっせき》を受けました。

なぜその時間に電話をかけてくる必要があるのか、部下は誰も理解できませんでした。とはいえ、上司を無視するわけにもいかないので、部下としてはストレスを溜め、我慢の限界を超えてしまったと言います。

結局、その部署の社員はほとんど辞めてしまいました。パワハラをする人は、自己肯定感が低いがゆえに弱者を攻撃して、自分の優位性を示そうとしています。

実はパワハラを受けやすい人も、自信がなく、自己肯定感が低い傾向があるので、はっきりとした意思表示ができるようになるためにも、自己肯定感を高めると、パワハラの対象になりにくくなります。

では、パワハラをする人には、どう対処したらいいでしょうか。

あなたを無条件で受け入れてくれる人が必ずいる

一番大事なのは、あなた自身をしっかり守ることです。

本来、あなたの存在そのものの価値はたとえ横暴な上司を持ってしても、そこを揺るがすことはできないはずです。

まず、誰かに話を聞いてもらいましょう。

その状態で我慢し続けると、ストレスから取り返しのつかない病気になることもあります。

職場で、信頼できる同僚や、他に誰か信頼できる上司はいないでしょうか。

自分が受けているパワハラを自分ひとりでなんとかしようとせずに、学生時代の友人や家族でも、あなたの辛い胸の内を聞いて、**あなたの味方になってくれる人や、相談できる人を見つけて力になってもらいましょう**。

職場に相談できる人がいなかったら、カウンセラーの人に力を借りましょう。

●暴言を書き出すという荒療治も使ってみよう

一時的な対処法になるかもしれませんが、パワハラをする上司に対して、誰にも言えないあなたが我慢している感情を、ただ紙に書き出して、怒りや辛い思いを全部吐き出すのも効果的です。

相手には直接言えないことを書いたら、ビリビリに破いて捨てます。ただただ書くと、不思議とスッキリしてきます。

被害者意識がなくなるとパワハラが消えることも……

以前、パワハラについてこのような相談を受けたことがありました。

その女性は、上司から仕事のやり方を注意されて、それ以来、嫌がらせを受けるようになりました。

会社に行くのが辛いので、そのパワハラをする上司に対してどう対応したらいいか悩んでいました。

よくよく話を聞いてみると、上司に仕事のやり方を注意されて以来、上司に目をつけられていると感じるようになったようです。

「あの仕事はどうなっている?」「どこまで進んでいる?」と、上司が聞いてきたときの言葉で、女性は自分が責められていると受け止めてしまい、それに対して過敏に反応して嫌な気持ちになっていたのです。

そこで上司から言われた言葉をひとつずつ検証していくと、第三者から見ると、とても本人を否定しているようには思えないものばかりでした。

このケースの場合、相談者の被害者意識が強いことが気になりました。

彼女は、何かあると自分が非難されていると感じやすく、他の人は仕事で何も言われないのに、自分が何か指摘を受けると「なんで、自分ばかり？」と感じていたといいます。

彼女の場合、自己肯定感の低さが自分で自分を追い込み、自分がこんなに辛いのはパワハラをする上司のせいだと思うことで、自分を守っていたことに気づきました。

そこで、女性は自己肯定感を高めることに取り組んだのです。

上司を訴えるために、ひそかに録音もしていましたが、5回の連続講座を受けて、自己肯定感が上がった彼女は被害者意識がなくなり、上司に対する見方が変わり、一番その変化に驚かれていたのが彼女自身でした。

パワハラやセクハラは、相手との関係で、自分が相手の言動をどう受け止めるかでも変わってきます。

　同じ言葉を言われても、それをパワハラやセクハラと感じる人もいれば、そうは感じない人もいます。

　職場で、パワハラやセクハラ、モラハラは絶対にあってはいけないことですが、上司や周りの人たちと健全な関係を築いていくためにも、自らの自己肯定感を高めることは非常に重要なのです。

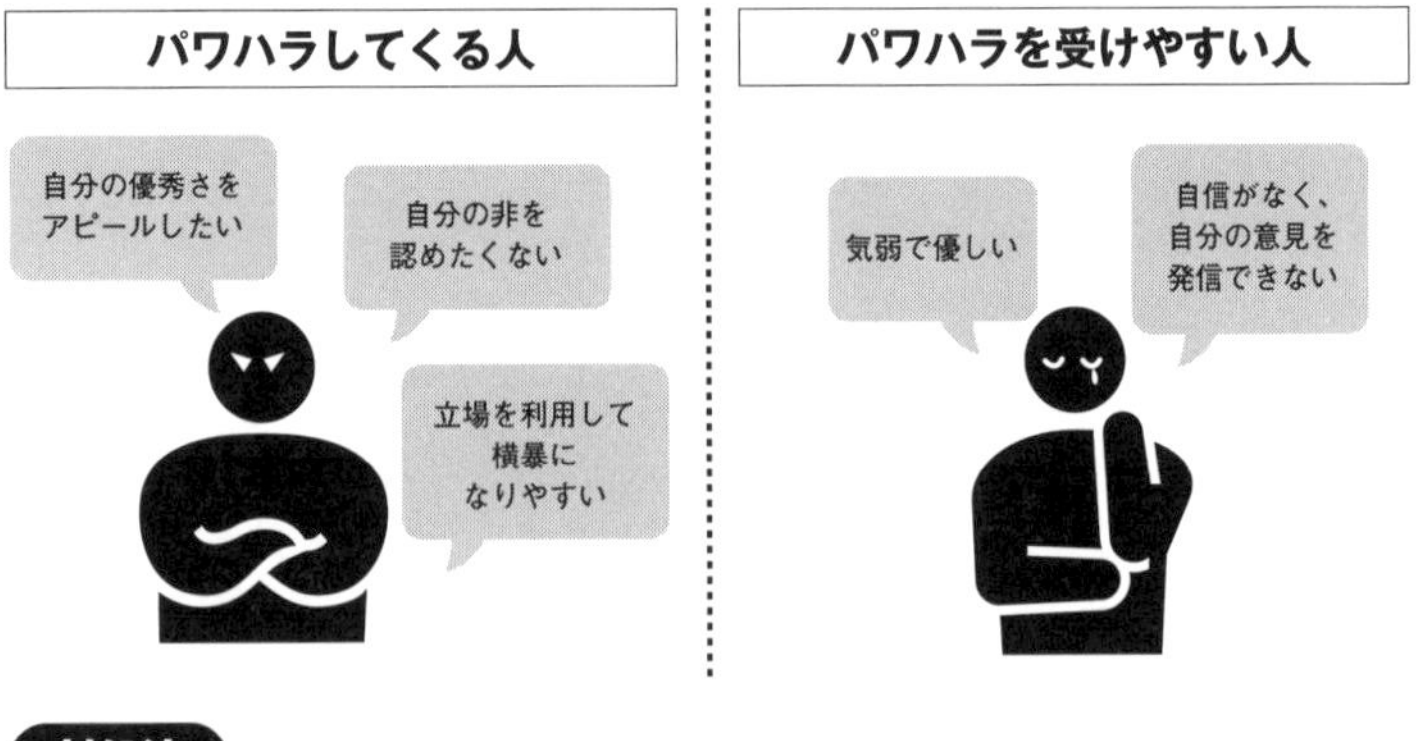
パワハラしてくる人
自分の優秀さをアピールしたい
自分の非を認めたくない
立場を利用して横暴になりやすい
パワハラを受けやすい人
気弱で優しい
自信がなく、自分の意見を発信できない

対処法

・無条件であなたを受け入れてくれる人を見つける
・ストレスを紙に書いて発散する

嫌いな人に24時間とらわれてしまう……

「職場に嫌いな人がいて、その人のことが気になって嫌になります」

そんな相談を数多く受けてきました。

どうも波長が合わない、生理的に受け付けない、苦手、人として許せないなど。

様々な理由で、相手を受け入れられないと感じています。

そして、「嫌いで考えたくもない」と、思えば思うほど、その人のことが頭から離れなくなるという経験はないでしょうか。

第1章で紹介したAさんもそうでしたし、私も会社員時代、苦手な人がいて悩んでいたことがありました。

仕事から帰り、自宅で家族の夕飯の支度しながらも、その人のことで頭がいっぱいになっている自分に気づき愕然《がくぜん》としたことがあります。

それでは、「嫌いな人」にはどう対処したらいいでしょうか。

職場ではいろいろな人がいますが、その中で自分と合わない人もいます。

そこで、嫌いな人がいてはいけないということではありません。むしろ、「嫌いな人がいてもいい」と自分に許可をしてあげていいのです。

私の例でお伝えしましたが、嫌いな人は私が嫌っていても、相手は何も私に影響を与えようとはしていませんでした。

何が問題かといえば、**「嫌だ、嫌だ」と思う相手を自分から遠ざけたいと思いながら、自分から相手を自分の思考の中に入れていた**のです。相手を自分の心の中に閉じ込めていたので、常に相手の影響を受け続けて「嫌な気持ち」になっていたのです。

常に嫌な人を思い浮かべていないか？

その当時、相手を人として許せないと思っていました。職場でも、自宅に戻ってからも、自分の中で「相手を許せない」という感情を握りしめることで、辛い思いを相手に思い知らせたいという気持ちがあったのです。

このときの自己肯定感は、まだまだ低い状態でした。そして、自分に失礼なことをした相手を許してしまうと、自己価値が保てないと思っていたのです。その思いを持つことで自分の中の「相手が嫌い」という考えを正当化しようとしていました。

何かが違うと思ったのは、そのような思いが募るにつれてどんどん体調が悪くなっていったときです。

そのとき、相手に向けていた意識を自分に向けて、「自分はなぜこんなに辛いのだろう？　こんなに苦しいのだろう？　何を相手に要求しているのだろう？」と、問いかけて、自分の本当の思いに気づいたのです。

そこで、自分へのダメージを止めて、相手からの影響を受けないようにすることが必要でした。そのためには、自分の心の中に閉じ込めていた相手を取り出さなければならなかったのです。

相手を心の中から取り出すために、自分の思いを紙に書き出し、相手にわからせたい思いを、自分が受け止めて理解してあげました。

これが、嫌いな相手から影響を受けることをやめられた方法です。

相手を無理に好きになろうとしなくてもいいのです。

嫌いな人が自分を苦しめるのではなく、その相手を自分がどう見ているか、どう考えているかが、自分を苦しめていたと気づけると、相手を変える必要がなくなります。

誰かに対して、嫌いになる原因があるとしたら、その人がそうせざるをえない10の理由を考えてみてください。

勝手に想像を膨らませて、様々な理由を考えてみます。すると、5つぐらい考えると、だんだん、「それも、しかたないかもしれない」という気持ちになります。

嫌いや苦手は、相手の問題ではなく、自分がその部分をどう考えるか、どう受け止めるかが問題であることに気づけると、自分で対処することができるのです。

すると、嫌いな相手に振り回されることがなくなります。

人やものごとのマイナス面ばかりに目がいく

ものごとのマイナス面や、人の嫌なところやダメなところばかりに目がいってしまうと、自分を取り巻く世界が嫌なことばかりになります。

ものごとはプラスとマイナスのどちらの側面から見るかで感じ方が変わりますが、マイナス面ばかりに目がいってしまうと、嫌な気分になりやすく、自己肯定感を保てません。

自己肯定感が低くなると、自分を否定的に見てしまうため、外側で起こっている出来事も、事実を歪《ゆが》ませて「ネガティブ色のメガネ」で見るようになります。

そこで、ものごとを肯定的に見て、**「ネガティブな面」から「プラスの面」がよく見えるメガネに変えていく**のです。

ある人は職場で苦手な人がいましたが、その人が昼休みに会社の外のビルの脇でしゃがみこみ、子猫にミルクをあげている光景を見て、見る目が全く変わりました。

私たちは人を見るとき、相手の嫌なところを拡大鏡で見てしまい、その人のすべてを知っているわけではないのに、その嫌な部分がその人のすべてだと思いがちです。

物事を自分の見たいように見ているのです。

どうしても、自分の感情を正当化するものの見方になってしまいます。

そこで視野を広げて、物事の両面を見るようにするには、事実をありのままに見る意識付けが必要になります。

そのためには、プラスの面を拡大鏡で見るようにしていきます。

自己肯定感が高まると、自分を肯定的に見られるので、人のいいところやプラスの面、物事のいい面にも目を向けやすくなります。

少しでもプラスの面が多く見られるようになると、自分を取り巻く世界の感じ方が変わり、幸せを感じることが増えてくるのです。

勝手にジャッジして〝ダメ出し〟をしてしまっている

人をついついジャッジして、口には出さなくても批判的になってしまうと、なかなか心穏やかではいられません。

これは私にも経験があります。

会社員だった頃、混雑した電車を避けて通勤するために、最寄り駅始発に乗り座っていくのですが、それでも会社に着くと午前中から疲れて、なぜか心身ともにヘトヘトになっていました。

なぜなのだろうと、長い間悩んでいました。

この原因となっていたのが、電車の中での他者へのダメ出しでした。「あの人のネクタイは変だな」、「なんてマナーが悪い人なのだろう」などと、無意識に見ず知らずの人をジャッジして疲れていたのです。

会社でもそうでした。

上司や同僚の電話の対応などに、仕事をしながら意識を向け、心の中でジャッジをしてはダメ出しをしていました。

なぜこのようなことをしていたのでしょう。

それは、自己肯定感が低く、自信がなかったので、自分がジャッジされるという不安をいつも抱えていたからです。

そこで、**自分を防御するために、無意識に相手をジャッジして、自分の優位性を感じようとしていた**のです。

これは自己肯定感の低さからくる、自己価値を保つための、保身の典型的なパターンです。

それは、他者の批判から自分を守ろうとしていたからにほかなりません。

その状態で心穏やかになれるはずはなく、外では常に神経を張り詰めていたのです。

ここに気づいて、自己肯定感を上げることにさらに注力していくのですが、ダメ出しや批判的な目は、自分にも向いていたことに愕然とします。

無意味なダメ出しは今すぐやめよう

自分をどう見ているかが、他者をどう見るか、他者からどう見られていると感じられるかになります。

そこで、自己概念を変えていくために、自分の良いところを見つけることにしたのです。自分の好きなところ、強みを紙にたくさん書き出しました。すると、1カ月もしないうちに、自分に対する感じ方が変わってきたことに気づきます。

他者に対しても、今まで相手の嫌なところが真っ先に目についていたのが、不思議とそれがなくなり、電車でも、会社でも相手のいいところに目がいくようになりました。

朝から、ヨレヨレで吊革《つりかわ》にぶら下がるように寝ている人にも、「この人は一生懸命毎日生きているんだな」「この人もきっと誰かの大切な人なのだ」と、今までの否定的な目線から、温かい眼差しで見られるようになっていったのです。

いつしかダメ出しをしなくなっていました。

あんなに他者をジャッジして、自分にもたくさんのダメ出しをしていたのです。自分に対する見方が変わったことで、それまで自己保身の心構えで生きてきたスタイルが変化していきました。

自分を好意的に見られるようになると、周りも自分を好意的に見てくれていると感じられるようになりました。

見ず知らずの人も、周りもみんな味方だと感じられるようになりました。これは、とても大きな変化でした。こうして私を取り巻く世界が変わっていったのです。

すると、人とのコミュニケーションも大変楽になりました。

かつては、あんなに他者からの承認を求めていたのに、自分で自分を承認できるようになると、不思議と周りの人から、よく褒めてもらえるようになりました。

人をジャッジしてダメ出しをしていた理由は、すべて自信がない自分を守るためでした。

まず、自分で自分を認められるようになると、自分を守っていた心の鎧《よろい》を少しずつ外していけるようになり、人から批判されるのではという不安が手放せるので、人と安心して関われるようになるのです。

人の顔色が気になったら、あえて自分事にしない

人の機嫌に敏感で、つい相手の顔色をうかがってしまい、相手がどう思うかばかりを気にしてしまうことはないでしょうか。

たとえば、上司の機嫌が悪そうだと、「自分は何か悪いことをしたかな」と、自分と関連付ける考え方で、自分のせいではないかと不安になると、常に相手の機嫌に振り回されてしまいます。

人の顔色を優先してしまうと、自分の気持ちは二の次にして、感情を抑えざるをえなくなるので、自分が何を感じているのかわからなくなります。

このようなケースは、子どもの頃、両親の喧嘩《けんか》をよく目にしていた人や、急に機嫌が悪くなって口を利かなくなるような親が身近にいた場合、子どもが生きる術として持ってしまうことがあります。

すると、大人になっても人の顔色が気になり、相手の機嫌が悪いとビクビクしてしまうのです。

また、感情の波が激しい人や機嫌がコロコロ変わる人が身近にいると、その人の顔色を見ないと自分の居場所をなくしてしまうので、自分の感情は二の次にしてしまうこともあります。

ただし、このタイプの人は、観察力が大変優れています。

気配りや気遣いができる人も多いのですが、自己肯定感が低いと、自分に害を受けないようにするための、自己保身からの相手への配慮になってしまうので、本人は人と関わることに疲れてしまうのです。

そこで、相手の機嫌が悪そうでも、自分事と考えずに、「相手の感情」と「自分」を切り離して考えることが必要になるのです。

相手がたとえ機嫌が悪くても、それは相手の問題であると理解することができると、「相手の感情は相手のもの」と、相手の感情を自分に同化して考えずにすみます。

相手の感情だけを大事にしてしまうと、ストレスは大きくなるばかりです。

ここで、自分の感情も受け止めて大事にできると、自己肯定感は高まり、相手主体から自分主体に変えていけます。

すると相手の顔色を気にしなくてすむようになり、人との関係も過度に気を使わなくてすむようになるのです。

人の顔色を気にし過ぎると
コミュニケーションがうまくいかなくなる！

・人の顔色を優先すると、相手の機嫌に振り回される
・観察能力が高過ぎる面もこの場合はデメリットとなる

対処法

・相手の機嫌が悪そうでも、自分事と考えないことが大事！
・相手の機嫌が悪いのは、あくまで相手の問題

「相手のために」が「自分のため」になっていないか？

人とのコミュニケーションで、自分が相手に貢献できているかどうかが常に気になることはないでしょうか。

そのような人は、人からの相談や頼み事を親身になって引き受けてくれます。すると、周りからは、とても面倒見のいい人だと思われます。

しかし、相手のために貢献している、その人自身が自分に大きな問題を抱えていることも少なくありません。

一番、解決すべきは自分の身近な問題であるはずです。

しかし、自分を必要としてくれる他者に貢献して自己価値を感じることで、自分の不安に思う部分を埋めようとしてしまうのです。

他者に尽くすことで自分の問題から目をそらそうとしていたというケースもありま

す。

ボランティアや、人の世話をすることはとても尊いことですが、それが自分の中の満たされていない部分を埋めるために行なっていたとしたら、それは、**「相手のために」といっても、「自分のため」に見返りを求める補償行為になります。**

自己犠牲から相手に貢献しても、相手から期待通りのリアクションがもらえるとは限りません。すると、まだ足りない、もっと頑張らなければと、自分への要求を高めていくことになるので、どんなに頑張っても自分を満足させられないのです。

ここに自己肯定感が関係してきます。

自己肯定感が低いと、どうしても他者から与えられるもので、自分を満たし、自己価値を感じようとします。

そのために、自分の何かを犠牲にして他者への貢献で埋めようとするのですが、もともと自分を認められていないと、どんなに他者から承認をもらっても、穴の開いたバケツには水を貯めていけないように、自分を満たすことはできないのです。

しかし、他者からの承認や称賛をもらうことを目的にせず、他者に何かをやってあげた時点で自己完結し、「良くやった、自分は貢献できて幸せだ」と思えれば、これで自分を満たしていくことができるのです。

そのためには、自己肯定感を高め、自分で自分を認められるようになることが大切です。

すると、自分の中の不足感を、他者からの承認で埋めようとしなくてもよくなるので、むやみに相手に貢献することを考えなくても不安ではなくなります。

それでは、次の章では場面別に、自己肯定感を下げずにコミュニケーションを取るための対処の仕方をいくつかのケースで見ていきましょう。

第4章
ポイント

◇不平不満をまき散らす人には、心の境界線をつくり、影響を受けないようにする

◇押しが強く主張が強い人は、話を聞いてあげると、安心してあなたの話に聞く耳を持ってくれる

◇陰口を言う人に同調して相手と同じ土俵に上がらない

◇チームではお互いが理解すべきルールを言語化して共通認識を持つことが必要

◇世代間ギャップを感じたら、相手を理解できなくても、相手の考えに興味を持ってみる

◇メールで攻撃してくる人にはすぐに反論せず、相手の感情に巻き込まれずにひと呼吸置く

◇嫌いな人が自分を苦しめるのではなく、その人を自分がどう見ているかが、自分を苦しめている

第5章

場面別で使える自己肯定感を下げない対処法

～どんなビジネスシーンでも上手に切り抜けるには？～

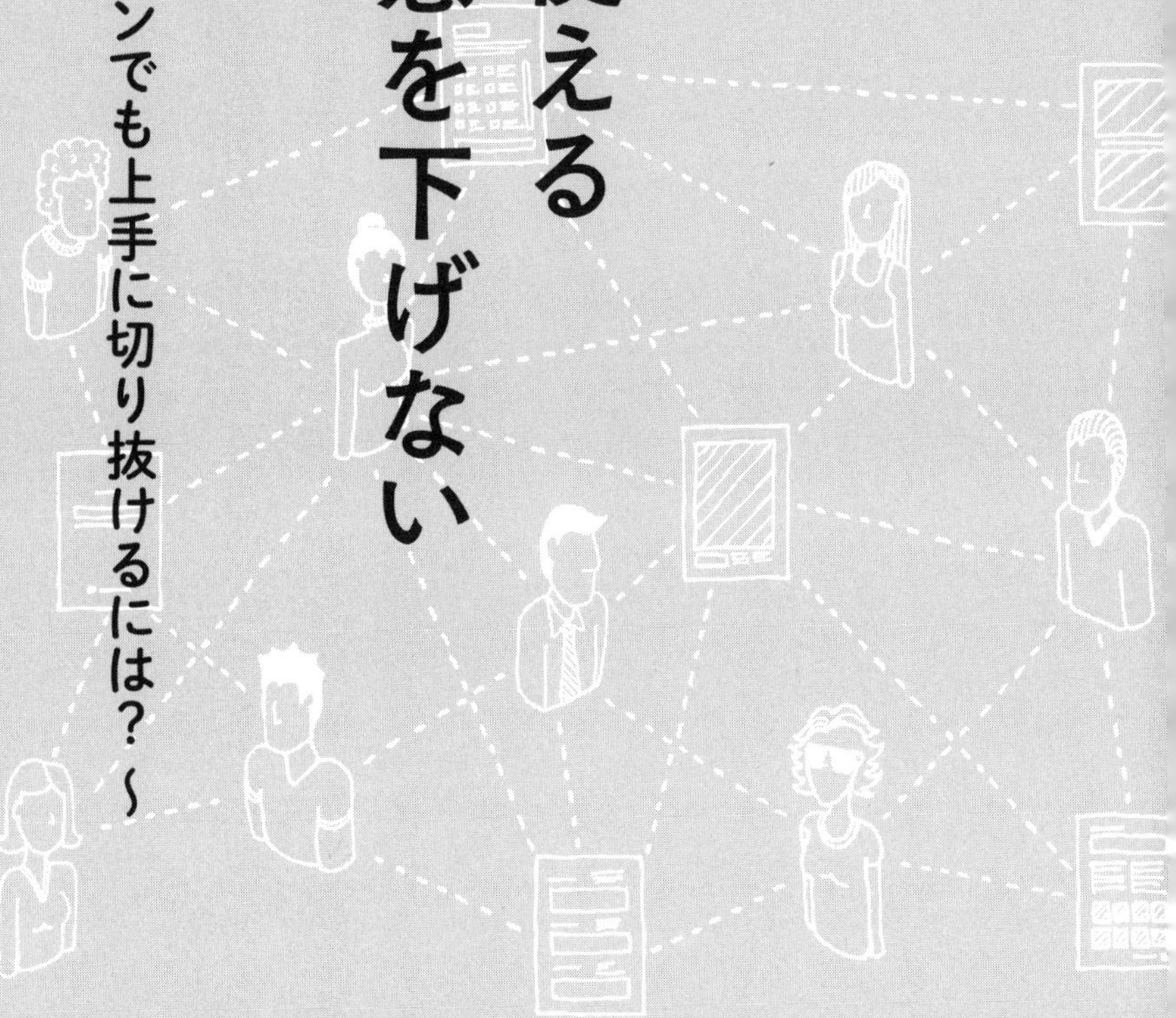

仕事で書類の不備を指摘されたとき

同じ出来事を体験しても、その場面で辛く感じる人と、そうでない人がいます。それは、その場面をどう捉えるかの考え方が大きく影響します。

その考え方を左右するのが、自己肯定感なのです。

自己肯定感が低いと、物事をありのままに捉えられず、勝手に否定的に受け止めやすく、そのために嫌な感情や気分を引き起こしやすくなります。

この章では、ご相談を受けたケースをもとに、職場で自己肯定感が低いとどのような感情になりやすいか、３つの感情のパターンを挙げて、それらの「感情をつくり出す思考パターン」を見ていきます。最後にどのように対処すればよいかをお伝えします。

【場面】作成した書類にミスが見つかり、上司から「ここ間違っているよ。これではダメだから直して再提出するように」と言われた。

【感情のパターン】

1　「こういう書類は苦手だ、自分の能力のなさを示してしまった」と、がっかりし、ひどく落ち込む。

2　「わざと間違えたわけではないのだから、もっと優しく言ってくれてもいいのに」と、イライラし不備を指摘した上司に怒りを感じる。

3　「上司に怒られた、上司の期待に応えられていない自分は上司に嫌われている」と、傷つき失望する。

【感情をつくり出す思考パターン】

1　ミスが発覚したことで、それは苦手だと決めつけ、ひとつのミスを最大の失敗と捉えて、それを自分の評価とすり替えてしまっている。

2　書類の不備を指摘されただけなのに、「怒られた、厳しく注意された」と思い込み、「わざとではない」と自分を正当化し、怒りを相手に向けている。

3　上司はただ書類の不備を指摘して、そこを直すようにと伝えただけなのに、「怒られた」とネガティブに受け取り、勝手に上司の期待に応えられていないと決めつけている。

ここで、このような感情を引き起こしているのは、「上司からの注意や指摘は自己価値を下げてしまうもの」、「間違いやミスはすべきではない」、「指摘や注意を受けることは恥ずかしいこと」などの否定的な考えや思い込みが原因です。それが事実をありのままに受け止めることを阻害し、自己肯定感を低くしているのです。

【自己肯定感を下げない対処法】

肯定的な捉え方に変換してみましょう。

間違いやミスがあっても、自分の価値を脅かすものではないこと、指摘や注意は、怒られたのではなく、知らせてくれた、アドバイスだと、肯定的に考えられると、ミスをしたということに対して、「しまった」と思っても、その事実を受け止め、「この段階で教えてもらえて良かった」、「これからは事前にしっかり確認して提出しよう」、「次は間違えないように気をつけよう」

と、前向きに考えて次のアクションにつなげられます。

頼みごとを断られたとき

【場面】 職場で同僚に仕事の頼みごとをしたら、あっさりと「今はできません」と断られた。

【感情のパターン】

1 「断られるくらいなら最初から頼まなければ良かった、もう人には頼まない」と、断られたことを逆恨みして怒りを感じる。

2 他の人の仕事の依頼は受けておいて、私は断られた、「私の仕事は手伝いたくないのだ」と、みじめさやむなしさを感じる。

3 「同僚は私を嫌いなのだ、だから断ったのだ」と、勝手に決めつけ傷つく。

【感情をつくり出す思考パターン】

1　相手の対応に傷ついたことで、相手に対して拒絶の感情が出てしまい、すべて断った相手のせいだと考える。一事が万事の考え方で、自分が傷つくくらいなら「人には頼まない」と結論づけている。

2　自分を卑下して自虐的になり、勝手な憶測でものごとをマイナスに捉えてしまっている。

3　相手が断った理由も聞かずに、感情的に自分のことを嫌いなのだと思い込む。

頼みごとというのは、受けるか受けないかは相手が選択します。そうなると事前に相手に「断られる」こともあると想定しておく必要があります。

そうしないと、「頼みごと＝自分」と捉えてしまい、断られたときに「自分への拒絶だ」と一方的に考えてしまうのです。

「頼みごとを断られたという事柄」と「自分」を別々に分けて考えられないことで、自己価値を脅かされたと感じて、引き起こされた感情と言えます。

【自己肯定感を下げない対処法】

相手が頼みごとを引き受けてくれても、引き受けてくれなくても、そのどちらを選択しても、あなたの価値は左右されません。

相手が「ノー」という選択をしても、自分に対しての「ノー」ではなく、その頼みごとに対しての「ノー」であると理解することが必要です。

相手が断ったときの状況や断った理由を相手の視点、相手の立場になって考えてみると、自分もその状況だったら、快く引き受けることは難しいと思えるかもしれません。

人は感情的になると、どうしても物事を自分の見たいように見てしまいます。

人から断られることを怖がる人は、相手からの依頼を断ってはいけないと思う傾向が強くあります。すると、ただ言われるがままなんでも「はい」と引き受けてしまい、あとで苦しくなることがあります。

そんな自分から脱却するためにも、相手の「ノー」を相手の選択として受け止められると、自分が相手に「ノー」ということも許可できるようになります。

頼みごとだけでなく、相手への提案や誘いに対しても言えることですが、決めるのは相手です。

それを理解できれば、自分の意見や考えを伝えるときも躊躇《ちゅうちょ》せずに伝えられるようになります。必要であれば相手と話し合えます。

人に頼みごとをするときは、相手が「ノー」と言う可能性もあることを前もって承知していると、「ノー」と言われることを怖がらずに、お互いに気安く頼み合える関係をつくれます。

約束の時間に遅れてしまったとき

【場面】打ち合わせに、電車の遅延で30分遅刻してしまった。到着すると相手は無愛想だった。

【感情のパターン】

1　「これで話が進まなくなったら、すべて自分の責任だ、もうダメだ」と絶望する。

2　「このことでクレームを入れられたら、必ず上司から叱責される」と不安が大きくなる。

3　「わざと遅刻したわけではないのに、なんでそんなに無愛想なんだ、そんな態度を取らなくてもいいじゃないか」と、相手に腹を立てる。

【感情をつくり出す思考パターン】

電車の遅延で約束の時間に間に合わないとわかった時点で、たいていは携帯電話で事情を説明して、約束の時間を遅らせてもらうか、相手の都合を聞いて再度約束を取りつける、などの対処ができます。

ここでは、相手に連絡をして時間を遅らせてもらい、打ち合わせに到着しました。

1　電車の遅延という不可抗力な事態であっても「自分の責任だ」と決めつけてしまい、相手の表情から「話が進まなくなる」と憶測で考えて自分を追いつめています。

2　遅刻して相手が無愛想だったことで、どんどん悪い方向に考えてしまい、そこから結論を飛躍させ、不安を大きくさせています。

3　自分の怒りやイライラから、相手の表情や態度がおかしいと決めつけ、自分が遅刻したという事実からも相手に責任をすり替えています。

自分に非があると感じているときに、相手は怒っているはずだという認識でいると、相手の態度や言葉に敏感に反応してしまい、それがさらに悪い解釈につながることになってしまいます。

【自己肯定感を下げない対処法】

この状況で自己肯定感が下がるのを止めるには、「遅刻をした」という事実を素直に受け止めることです。

その原因が自分以外のところにあるとしても、その状況に対して相手に誠意をもって謝れると、遅刻をしたことで、相手が不快になっていても、相手がそう感じることはしかたがないことだと真摯《しんし》に受け止められます。

「遅刻をした」という事柄と「自分」とを同化せずに打ち合わせに集中できれば、自分の落ち度をいつまでも責めずに、それを引きずらなくてすみます。

仕事でミスが発覚したとき

【場面】関わるプロジェクトで自分のミスが発覚。上司から呼ばれ、「このミスはどうしたんだ、しっかりしてくれよ」とみんなの前で叱責された。

【感情のパターン】

1　ミスをして叱責されたことに対して「自分はなんてダメな人間なのだろう」と悲観的になりひどく落ち込む。

2　上司にミスをみんなの前で注意されたことに対して、自分はひどく恥をかかされたという屈辱感から上司に対して怒りを向ける。

3　自分は上司に目をつけられているから、きっとまた怒られる、上司はきっと自分を嫌いなのだ、と傷つき失望する。

【感情をつくり出す思考パターン】

1　自分のミスを極端にマイナスに受け取り、ミスしたことにとらわれてしまい「自分はダメな人間だ」と決めつけてしまう。

2　自分がミスをしたことを棚に上げて、みんなの前で注意されて恥ずかしいという感情から目をそらすために、上司の問題にすり替え、怒りを上司に向けている。

3　一度のミスを指摘されたことで、「自分は嫌われている」と勝手に決めつけ、だからまた怒られるとネガティブな妄想になっている。

仕事をしていると、ミスが起こることもあります。そのミスを上司が指摘するのは当然です。

そこで、上司の言葉を感情的に受け止めてしまうと、このような感情を引き起こします。

【自己肯定感を下げない対処法】

この状況で自己肯定感を下げないための考え方は、視点を変えてみることです。起こってしまったミスをネガティブに受け止めて自分を萎縮《いしゅく》させるのではなく、「今の段階で見つけてもらえて良かった」と考え「大事になる前に防げた」ことに目を向けられると気持ちが楽になります。

ミスをすることはできれば避けたいものですが、ミスが起こってしまったら、それにどう対処できるかを考えて、気持ちを切り替えられると、次から挽回できます。

配置換えが自分の思い通りにならなかったとき

【場面】部署の配置換えがあり、自分が希望する仕事ではなく、全く想定外の仕事をすることになりストレスが増えた。

【感情のパターン】

1 「全く畑違いのこんな部署に飛ばされるなんて、ひどくみじめだ」と失望する。

2 「なぜ自分を正当に評価しないのか？」と上司への怒りと不満で自暴自棄になる。

3 「希望通りに移動した人もいるのに、自分はもう会社からは期待されていないのだ」と、むなしさと無力感に襲われる。

【感情をつくり出す思考パターン】

1　自分の希望がかなわなかったことで絶望的な気持ちになる。

2　「上司は自分を評価すべき」という考えから、正当に評価しない上司に対して怒りと不満を向ける。

3　「自分の思い通りでない＝自分は会社から期待されていない」と、極端に解釈し、自分を落ち込ませている。

人は思い通りにならないことがあると、嫌な気分になりストレスを感じます。

会社だけに限らず、人との関わりの中では、自分の思い通りにならないことはめずらしくありません。

すべて自分の思い通りにいくものという考え方が前提としてあると、期待通りの結果を得られなかったときに、柔軟に対応できなくなります。

【自己肯定感を下げない対処法】

「自分の思い通りにいかないことがあっても、それはむしろ当たり前」と考えられると、思い通りにならないことがあっても、それはもはやストレスではなくなります。

新しい環境で、「どうして自分がこんな仕事を」と不満に感じてしまうことがあっても、そこで、気分を切り替えて能動的に仕事を楽しむ工夫ができれば、自己肯定感を下げずにすみます。

新しい仕事の機会は、自分の新たな能力を伸ばし、可能性を広げる機会になると、視点を変えられると、自分の役割に目を向けられ、自分の能力をどう発揮できるかを考えられるようになります。

いろいろ試してみて、どうしても自分には不向きだと思えば、進退を考えるという選択肢も生まれます。

自分なりに期限を決めて、そこを目安に今後どうするかを考えていってもいいでしょう。

メールの返事がこないとき

【場面】メールをしてこちらの用件を伝えているのに、相手からの返信が2日以上経ってもこない。

【感情のパターン】

1　相手が読んだかどうかが心配で、催促《さいそく》のメールをしたらしつこいと思われてしまうか、と不安と困惑を感じる。

2　何かいけないことを書いてしまって、「相手は気分を害し、このまま話が進まなかったらどうしよう」と、おびえと恐れを感じる。

3　「メールはすぐに返すのがマナーなのに、返信しないなんてひどい人だ」とイライラし、相手に怒りを感じる。

【感情をつくり出す思考パターン】

1　メールの返信がないことに困っているのに、相手がメールを受け取っているかを確認するのを、「催促メールと受け取られて、しつこいと思われるかもしれない」と憶測をして不安になり、問題解決の行動に移せない。

2　返信がないことで、自分が書いた内容に何か問題があって、相手は気分を害してしまったのではと考え、その考えを飛躍させてまだ起こってもいないことを妄想し心配している。

3　「メールはすぐに返信すべき」という考えから、〝こちらが用事があってメールをしているのに、それに返信をしないなんておかしい〟と感情的になり自分のルールから外れている相手を批判する。

【自己肯定感を下げない対処法】

メールの返信が遅いと、どうしたのだろう、と不安になるものですが、相手の都合を考えると、すぐに返信がないのは「相手は忙しいのかもしれない」、「気づいていないのかもしれない」と、相手がメールにすぐに返信できない理由が想像できます。

その上で、「今、何をすべきか」と考えたときに、あと1日は待つことができる、しかし、それ以上は、となったときは電話をして確認を取ればすみます。

相手がたまたまメールを見落としているというケースもあります。

だから、再送すると同時に、「今メールをお送りさせていただきました。ご確認いただければ幸いです」と電話をかければ、相手に確実に渡せたので安心して待つことができます。

メールを送るときに、急ぎのものであれば、何日までに回答が欲しいと相手に伝えておけば、たいていそれまでに返してくれるはずです。

たとえば、自分は「ビジネスではすぐに返事をするのが普通だ」と考えていたとしても、相手が考えている「普通」は全く違うことがよくあります。

メールであっても、コミュニケーションです。

「相手は言わなくても自分と同じように考えるはず」は通用しません。

お互いに共通認識として持っていたいことは言葉で伝える必要があります。

すると双方向の行き違いを減らすことができます。それを意識すると勝手にマイナスの妄想をして自分を苦しめることはなくなります。

あいさつから不安が生まれたとき

【場面】朝、社内で上司とすれ違い「おはようございます」と声をかけたのに、上司はあいさつをしないで歩いていってしまった。

【感情のパターン】

1 「上司に無視された、私なんて視界に入っていないんだ。その程度の人間としか思われていないのはショックだ」とむなしく感じ落ち込む。

2 「あの上司はあいさつもできない、マナーがなっていない人だ、同じ職場で顔を合わせるのも嫌だ」と怒りを感じイライラする。

3 「上司は私を無視した。きっと私を好ましく思っていないのだ、このままでは私は異動させられるかもしれない」と不安になる。

【感情をつくり出す思考パターン】

1　「あいさつを返してもらえなかったのは、相手にとって自分は意味のない人間だからだ」と、勝手に解釈して自分を卑下して落ち込んでいる。

2　「無視された」と勝手に決めつけ、怒りとイライラから相手はマナーがなっていない人だと腹を立てている。

3　「無視したのは嫌われているからだ」と勝手にマイナスの妄想を膨らませ、まだ起こっていないことに不安になっている。

【自己肯定感を下げない対処法】

自分はあいさつをしたのに、あいさつが返ってこないと、相手に無視されたと、つい考えがちですが、相手は気づかなかっただけかもしれません。それを、自分の勝手な妄想で傷つき、腹を立てるのは損です。

相手があいさつを返せなかったのには理由があるはずと、相手の立場になって想像してみると、そこで、自分も相手と同じ状況だったら、あいさつをされても気づかないかもしれない。

そう思えると気持ちはグッと楽になります。

自分のほうにも何か改善する点があるかもしれないと考えられると、「今度はもっと大きな声であいさつしよう」と、思えるかもしれません。

このように、相手の機嫌や言動に注目して振り回されるのではなく、その状況の中で自分は何ができるかに目を向けられると、自己肯定感を下げずにすみます。

第5章 ポイント

◇仕事のミスの指摘はあなたの否定ではない

◇ミスをしたときこそ、自分と同化せず、気持ちを切り替える

◇コミュニケーションは、相手の機嫌や言動ではなく、自分がコントロールできることに集中する

◇人に頼み事をしたときの「ノー」はあなたへの拒絶ではない

◇仕事で「思い通りにならないことがあっても、それはむしろ当たり前」と思えると、思い通りにならないことがあってもストレスではなくなる

◇メールで憶測は禁物！　不安になったら必ず確認する

終章

1枚の紙に書くだけで自己肯定感は高められる

～とても大切なのにおろそかにしてしまう「自分自身を認識する」こと～

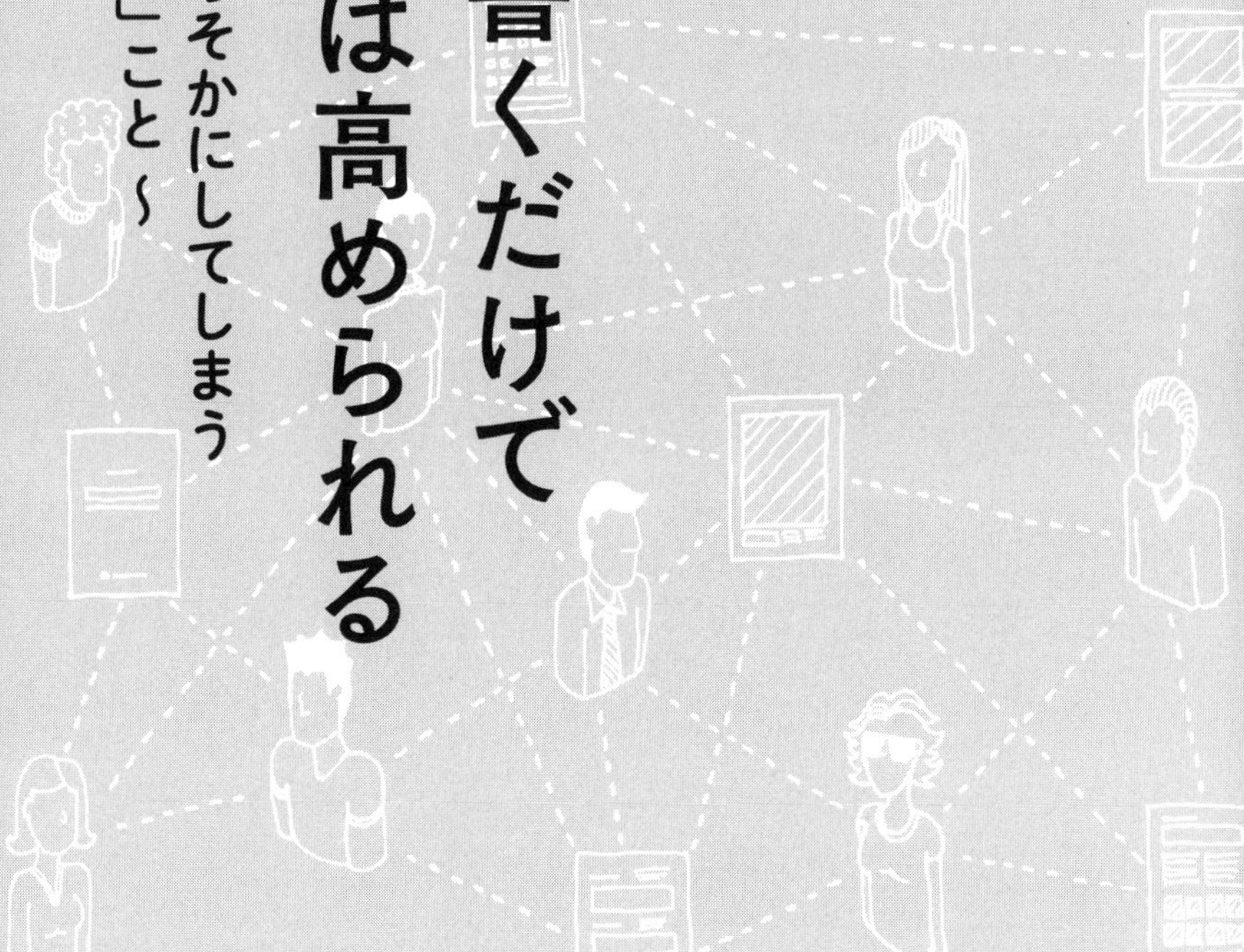

今の自分を認めるために〝過去を俯瞰〟して見てみる

根気よくトレーニングして、自分を理解し認められるようになると、自分との関係は良好になり、自己肯定感は高めることができます。

ここでは、自己肯定感を高め、コミュニケーションを良好にするために有効なノート術をご紹介します。

私たちは意識をしないと、ついつい自分のネガティブな部分に目を向けてしまいます。それが、思考に影響して自己肯定感を下げてしまうのです。

ふとしたときによみがえってくる記憶の多くが、過去のうまくいかなかった記憶や、悔やまれる記憶だという人は、自分を否定的に見るクセがついています。

今の自分を肯定的に見る視点を持つためにも、過去の肯定的な要素に目を向けることが必要です。

人と比べてどこか秀でていないと、自分を認めることに抵抗を感じてしまう人でも、**自分の歴史を振り返ると、精いっぱいやってきたことや、成し遂げてきたことが必ずあります。**

そこに、目を向けてみるのです。

すぐに思い浮かばない人は、忘れているか、気づいていないだけです。

人と比べる必要はありません。

なぜなら、比べるということは、本来、条件がそろってはじめて成り立つものだからです。年齢やこれまでの経験、すべてが同じという人はいません。だから、人と比べることはナンセンスなのです。

自分がどう生きてきたかは、自分にしかわかりません。

たとえ、今の自分に不満があっても、あなた自身が「これまでの自分」を認めてあげることで、今の自分を支える土台ができあがります。

それが自信となり、自分の成長の糧《かて》になるのです。

あなたがこれまで生きてきた中で、自分なりに自分を認められることを書き出してみましょう。

書き出すことは次のことです。書けるところから書いてみましょう。

1　これまでの人生で、自分なりに、よくやった（努力した）と褒めてあげたいことはなんだろう？

2　これまでの人生で、自分なりに、イキイキと心から楽しんでいたときはいつだっただろう？

3　これまでの人生で、自分なりに、挫折《ざせつ》をしても乗り越えたと思えたことはなんだろう？

4　これまでの人生で、自分なりに、打ち込んできたことや、挑戦してきたことはなんだろう？

5　これまでの人生で、自分なりに、自分の強みや趣味が役に立ったと思えたことは何があっただろう？

6　これまでの人生で、自分なりに、使命感を持ってやってきたことはなんだろう？
7　これまでの人生で、自分なりに、誇らしいと思えたことはなんだろう？
8　これまでの人生で、自分なりに、人から感謝されたと思えることはなんだろう？
9　これまでの人生で、自分なりに、自分が大切にしてきたものはなんだろう？
10　これまでの人生で、自分は何を学んだだろう？

これらを書き出すことで、自分の過去はネガティブなものだけでなく、ポジティブなことも数多くあったことに気づくことができます。

そして、書いたものを改めて読んでみてください。

「自分はこれまで精いっぱいやってきている」と、自分を認め、自分への満足を得ることができるようになります。

余裕がある人は、次のことも書き出してみましょう。

1　これまでの人生で、私が恵まれていることはなんだろう？

2　これまでの人生で、私が感謝できることはなんだろう？
3　これまでの人生で、私は誰に助けてもらっただろう？
4　これまでの人生で、私が一番うれしかったことはなんだろう？
5　これまでの人生で、ターニングポイントになったことはなんだろう？
それは、今なら、なぜそう思えるのだろう？

これらを書き出すと、自分の人生に対するポジティブな面に目を向けることができます。したがって、自己肯定感を下げることなく、自然と高めていくことができるのです。

過去を振り返ることで自信を取り戻す

将来、建築関係に進むため、猛勉強して、志望大学に入った

これまでの人生で、自分なりに、よくやった（努力した）と褒めてあげたいことはなんだろう？

高校生の3年間、バレーボール部で仲間と力を合わせて練習していた

これまでの人生で、自分なりに、イキイキと心から楽しんでいたときはいつだっただろう？

自分で考えたプロジェクトの戦略会議で意見が割れたときに、根気強くメンバーを説得した

これまでの人生で、自分なりに、挫折をしても乗り越えたと思えたことはなんだろう？

仕事のスピードアップのために、自分の仕事を手伝ってくれる人が明確に動けるように、説明の技術を高めてきた

これまでの人生で、自分なりに、打ち込んできたことや、挑戦してきたことはなんだろう？

パソコン関係を独学してきたので、友人がパソコン操作で困ったときに力になれた

これまでの人生で、自分なりに、自分の強みや趣味が役に立ったと思えたことは何があっただろう？

お客さんが幸せになれるように仕事を行なってきた

これまでの人生で、自分なりに、使命感を持ってやってきたことはなんだろう？

お客さんとの関係で困っていた同僚に、過去の自分の事例を示し、アドバイスをしたことで、クレームが解決できた

これまでの人生で、自分なりに、誇らしいと思えたことはなんだろう？

仲のいい同僚が、自分の部で孤立したときに、親身になって話を聞いたことで今でもとても感謝されている

これまでの人生で、自分なりに、人から感謝されたと思えることはなんだろう？

人の悪口を言わないように心がけてきた

これまでの人生で、自分なりに、自分が大切にしてきたものはなんだろう？

多くの人と信頼関係を結ぶことで、仕事で結果を出すことができるとわかってきた

これまでの人生で、自分は何を学んだだろう？

苦手な人を観察することで生まれるイメージの変化

職場で、相手の嫌なところが目につくと、「あの人はそういう人だから」と決めつけて敬遠しがちです。

すると、知らず知らずのうちに、その人の嫌なところが目につくようになるので、相手との関係はぎくしゃくします。

一度、相手を否定的に見てしまうと、なかなかいいところに気づくことができなくなります。それが、人間関係にも悪影響を与えます。

また、嫌いな相手の発言は、否定的に受け止めやすいので、感情を乱されます。そうなると、嫌いな人や苦手な人がいるだけで、自己肯定感は下がってしまうのです。

先にお話しした「隣の席の人の言動に悩んでいたAさん」も、苦手な人のいいところを探すのはとても抵抗がありました。しかし、視点を変えてみることで、今まで見えていなかった相手のいいところに気づくことができるようになりました。

相手を変えようとしなくても、自分の感じ方が変われば、相手に対しての感じ方が変わります。

職場で苦手な人がいたら、その人を別の視点から見てみましょう。

少しでも相手を違う視点で見られると、自分の中のネガティブな決めつけを緩めることができます。

1日にひとつだけ、どんなに小さなことでもいいので、相手のいいところを見つけていきましょう。それを書き出します。

「いいところを探す」ということにハードルが高いと感じたら、否定的な決めつけをやめて、相手を観察してみることを意識してみてください。そして、気づいたことを書き出します。

「Cさんは、電話の応対は丁寧だ」

「Cさんは、1時間以上かけて通勤してくるようだ」

「Cさんは、資料作成に必要なデータを提供してくれた」

「Cさんと話していて、Bさんは笑顔になっていた」

「Cさんは、愛犬の話をするときは笑顔だ」


書き出した文章を、しっかりと読んでみてください。

相手に対してどんな感じを受けるでしょうか。

どんな人であっても、相手のすべてを知ることはできません。

けれど、相手のある部分が嫌になってしまうと、「すべてが嫌」になり、相手を常に否定的に見る、歪んだメガネで見てしまいがちです。

「嫌い」「苦手」という感情が生まれると、その感情を正当化する「ものの見方」が優位になるので、相手の嫌な部分ばかりが目についてしまいます。

そこで、大事なのは、相手を否定的に見てしまう歪んだメガネを外すことです。

そのために、嫌いな部分ばかりではなく、今まで見ようとしていなかった事実に目を向けてみるのです。

すると、相手の見え方が変わり、違う部分にも意識を向けていけるようになるので、苦手意識が和らぎ、コミュニケーションも変化します。

職場の人や環境などで、自分が「好き」と思える部分が増えると、職場を好意的に、肯定的に見ることができます。それが、自分の自己肯定感を高める環境にもなっていくのです。

苦手な人のいいところを書き出してみる

Cさんは、電話の応対は丁寧だ

Cさんは、資料作成に必要なデータを提供してくれた

Cさんと話していて、Bさんは笑顔になっていた

Cさんは、愛犬の話をするときは笑顔だ

**相手の見え方が変わり、苦手意識が和らぎ、
コミュニケーションも変化する！**

自分との対話に気づくことが大切

知らず知らずに、頭の中で自分に投げかけている言葉があります。

それを、内的対話（セルフトーク）と言います。

その言葉から自分をどう捉えているかがわかり、何度も自分に言い聞かせることで、自分が自分をどう思うかのセルフイメージをつくります。

その言葉の傾向で、自分をどう見ているかがわかるのです。

特に、頭の中でつぶやいている言葉は、無意識に言っていることが多いので、それがダメ出しや自分を否定する言葉だと、知らぬ間に自己肯定感を下げてしまいます。

自分へのダメ出しや否定的な言葉は、マイナスのセルフトークです。

自分への鼓舞や励まし、肯定的な言葉は、プラスのセルフトークです。

自己肯定感を高めるには、できるだけマイナスのセルフトークを減らしていくことが効果的です。

人は無意識でいると、たいていマイナスの言葉のほうを自分に投げかけています。

その言葉が、自分の感情にも影響してくるのです。

人から言われたわけではないのに、頭の中で自分に否定的な言葉を投げかける頻度が高い人は、人からもそう思われていると感じやすくなるので、人間関係にも良い影響を与えません。

一度、自分がどんなセルフトークをしているのかを書き出してみると、自分のことをどう見ているかがわかります。

そこで、セルフトークの質を変えていけると、自己肯定感を高めることができるのです。

それでは、自分が普段どんな言葉を自分に投げかけているかを観察してみましょう。

仕事中やプライベートのとき、自分ひとりのとき、意識できているもの、意識できていないものも含めて、セルフトークをできるだけノートに書き出します。

まずは、マイナスのセルフトークを書いてみよう

まずは、あなたが無意識に何げなく言っているマイナスのセルフトークを書き出してみましょう。

マイナスのセルフトークには次のようなものがあります。

「なんてダメなんだ」「嫌だな〜」「どうしようもないな」「また失敗した」「またうまくいかなかった」「もっと早くやれば良かった」「遅過ぎた」「また食べ過ぎた」「また飲み過ぎた」「どうせわかってもらえない」「面倒くさい」「みんなから見放される」「またダメなやつだって思われている」「いつも損な役だ」「今日も○○できなかった」

仕事中や電車の中などで、周りの誰かに対して、心の中で言っているダメ出しや否定的な言葉も、書き出してみましょう。

実は、自分以外の誰かに向けて言っている言葉であっても、脳は相手と自分の区別はせずに、自分のものとして取り込むことがわかっています。

他者に対するダメ出しや否定的な言葉も、脳は自分のものとして認識するのです。

それを減らせると、自分に対するイメージを良好に保つことができるのです。

プラスのセルフトークを書き出してみよう

それでは、次にプラスのセルフトークを書き出してみましょう。

プラスのセルフトークには次のようなものがあります。

「やればできるはず」「私は恵まれている」「今日もいいことがたくさんある」「調子がいい」「よく頑張った」「いい仕事ができている」「いい仲間たちだ」「みんな私の味方だ」「私は私。人は人」「私は私であって大丈夫」「良くやっているな」「えらいよ」「そのままの自分でＯＫ」「私は信頼されている」「楽しみだ！」「やれることはやった！」

いかがでしょうか。

ここで、書き出した言葉を改めて声に出して言ってみて、どんな気分になるかを感じてください。

マイナスのセルフトークは、出てきやすく、プラスのセルフトークはなかなか出てこないかもしれません。

仕事をしているときや日常生活の中で、マイナスの言葉がけをしている自分に気づいたら、そう言ってしまう自分をいったん受け止めて、それに替わる「自分を否定しない励ましや、勇気づける言葉」をかけてあげましょう。

それと同時に、意識してマイナスの言葉がけを減らしていくと効果的です。

そこで、これから意識して自分に言っていきたいプラスの言葉にはどんなものがあるかを、書き出してみましょう。

プラスの言葉がけは、意識的にしないとなかなか定着しません。

私たちは人から言われる言葉にも影響

自分のセルフトークを書き出してみる

なんてダメなんだ	やればできるはず
嫌だな〜	私は恵まれている
どうしようもないな	今日もいいことがたくさんある
また失敗した	調子がいい
またうまくいかなかった	よく頑張った
まずは、マイナスのセルフトークを書き出す。	次に、プラスのセルフトークを書き出す。

マイナスの言葉を減らして、プラスの言葉がけを意識する

を受けますが、自分に一番影響を与えているのは自分が自分に対して言っている言葉なのです。

自分の中に、プラスの言葉が蓄積されていくと、自分を安心させられるので、良いセルフイメージを持つことができ、「自己肯定感」を高めていけます。

それが、人間関係を良好にし、職場でのコミュニケーションも良くしていけるのです。

〝モヤモヤを書いてすっきりする〟ことが王道

何か言われて気になってしまったときや、言いたいことが言えなかったときに、モヤモヤして、イライラがつのります。

それをそのままにしてしまうと、気分がすぐれないばかりか、それが心を占めて仕事にも集中できません。

誰かにそんな自分の胸の内を聞いてほしい、相談したいけれど、人に相談するまでもないと思うと、どうすることもできず堂々巡りとなり、悩みは深くなります。

また、そのイライラを誰かにぶつけたいと思うこともあるかもしれません。

そんなときに使うと効果的な方法があります。

それは、そのモヤモヤやイライラの原因となっている相手に対する思いを、ただ書き出していくのです。

「相手に言えなかったこと」や「そのときに伝えられなかった自分の思い」を、相手に手紙を書くように、書いていきます。


「○さんはこんなふうに言ったけれど、私はそうは思わない」

「○さんのあの言い方がすごく嫌だった。それでひどく私は傷ついた」

「○さんは、一方的な見方しかしていない。もっとこういうところも見てほしかった」


このように、**自分の中の伝えきれなかった未消化な思いを全部吐き出せると、誰にも迷惑をかけずに心はすっきりします**。


言いたかったことを書いたら、それを眺めてみましょう。

自分は「これを相手に伝えたかったのだ」とわかります。

相手に直接言うと、口論になってしまうことも、こうして書き出すことで、イライラやモヤモヤの奥にある「自分の本当の思い」を理解することができます。

一度書き出して、相手に対する思いを自分の中で消化できると、いつまでも嫌な気持ちを引きずらずにすみます。

また、コミュニケーションの場面で、自分の気持ちを理解できていないと、それを相手に伝えることができません。

自分がどう思い、どう言いたかったのかがわかると、それをコミュニケーションの場面に活かしていくことができるのです。


ここでご紹介したノート術は、ちょっとしたスキマ時間に手軽にできるものです。

実践していただくことで、さらに自己肯定感を高めることができます。

モヤモヤを書いてスッキリする

Eさんはこんなふうに言ったけれど、私はそうは思わない

Eさんのあの言い方がすごく嫌だった。

それでひどく私は傷ついた

Eさんは、一方的な見方しかしていない。

もっとこういうところも見てほしかった

自分の中の伝えきれなかった
未消化な思いを吐き出すと、心はすっきりする

終章
ポイント

◇他人と自分を比べないために、自分の過去を振り返って見る

◇苦手な人を違う視点から見ることで、ネガティブなレッテル貼りをやめられる

◇セルフトークの質を変えると自己肯定感は高まる

◇マイナスのセルフトークで自己肯定感は下がり、プラスのセルフトークで自己肯定感は上がる

◇心の中の未消化な部分を吐き出すと、イライラ、モヤモヤが消えていく

おわりに

最後までお読みいただき、ありがとうございました。

本書をお読みになって、ひとつでも実践したいと思われる何かをお受け取りいただけましたでしょうか。

私が、自己肯定感という言葉に出合った25年前は、体系立てて自己肯定感を高める方法を書いた本がありませんでした。

「自己肯定感」という言葉が知られるようになって、少しずつ社会でも認知されるようになったのは、ここ3、4年です。今では、多くの本が出版され、書店には専門のコーナーが設けられるまでになりました。

何かうまくいかない、こんなはずではない、頑張っても満たされない……。

そんな感覚を持ち、生きにくさを抱えていた方も、「自己肯定感」にたどりつけると、そこから霧が晴れるように、みるみる変化されていきます。

これまで、そのような姿を数多く見てきました。

こうして自己肯定感の本を書くことができて幸せです。

本書には、「これを25年前の自分に手渡してあげたい」と思うほどのエッセンスを詰め込みました。

人が生きていく上で、非常に大事な「自己肯定感」は、いつからでも挽回できます。

そのための方法を多くの方に知っていただくことによって、誰もが生きやすくなり、人生は好転すると信じています。

最後になりましたが、本書の編集を担当していただいた森下裕士さん、（一社）日本セルフエスティーム普及協会で、自己肯定感を広める「ラブ・マイセルフ１００万人プロジェクト」に一緒に取り組んでくださっている認定講師の皆さん、そして、どんなときも支えて見守ってくれる夫と娘に心から感謝しています。

そして、本書を手に取ってくださったあなたに感謝いたします。

工藤　紀子

【参考文献】

書籍

『自己と組織の創造学』（ウィル・シュッツ著　斎藤彰悟 監訳　到津守男 訳　春秋社）
『生きることと自己肯定感』（高垣忠一郎　新日本出版社）
『激動社会の中の自己効力』
（アルバート・バンデューラ著　本明寛　野口京子 監訳　本明寛　野口京子　春木豊　山本多喜司 訳　金子書房）
『組織の罠』（クリス・アージリス著　河野昭三 監訳　文眞堂）
『子どもの自尊感情をどう育てるか』（近藤卓　ほんの森出版）
『嫌われる勇気』（岸見一郎　古賀史健　ダイヤモンド社）
『改訂版 アサーション・トレーニング』（平木典子　金子書房）
『リフレーミング』（リチャード・バンドラー　ジョン・グリンダー著　吉本武史　越川弘吉 訳　星和書店）
『フィーリング Good ハンドブック』（デビッド・D・バーンズ著　野村総一郎 監訳　関沢洋一 訳　星和書店）
『心がやすらぐ魔法のことば』（山崎房一　ＰＨＰ研究所）

調査報告書・講演論文など

・高垣忠一郎［退職記念最終講義］「私の心理臨床実践と自己肯定感」「立命館産業社会論集」第45巻第1号（2009年6月）
・竹内健太「子供たちの自己肯定感を育む～教育再生実行会議第十次提言を受けて～」「立法と調査」No.392（2017年9月）参議院常任委員会調査室・特別調査室
・近藤卓「子どもの自尊感情―心身の健康を育てるために」「日本教育」（特集 心身の健康）No.457（2016年7月）
・諸富祥彦「自己肯定感と自己受容」「臨床精神医学」第45巻第7号（2016年7月）
・伊藤美奈子「自尊感情は『愛され』『ほめられ』『認められ』『感謝され』ることで高まる」「総合教育技術」第72巻第5号（2017年7月）
・汐見稔幸白梅学園大学長・白梅学園短期大学長「教育新聞」（2017年6月）
・内閣府「平成25年度 我が国と諸外国の若者の意識に関する調査」（2014年6月）
・独立行政法人国立青少年教育振興機構「高校生の心と体の健康に関する意識調査報告書～日本・米国・中国・韓国の比較～」（2018年3月）

【著者プロフィール】
工藤紀子（くどう・のりこ）
一般社団法人　日本セルフエスティーム普及協会　代表理事
ヴィーナス・クリエイト　代表
外資系企業での勤務を経て、育児中に「自己肯定感」の大切さを知り、自らの人生を好転させる。「心の仕組み」の理解と「セルフエスティーム向上」についての研究を続け、自己肯定感を高める独自メソッドを確立。
2005年ヴィーナス・クリエイトを立ち上げ、のべ2万人以上の自己肯定力向上プロジェクトに取り組む。
2013年、一般社団法人日本セルフエスティーム普及協会を設立。個人向け講座、企業や教育現場での研修や講演、講師の育成に力を入れている。
2019年中学校道徳の教科書（Gakken）に「自己肯定感」について執筆。「子どもも大人も、自分らしくハッピーに！」をキャッチフレーズに、自己肯定感で職場や社会を元気にする「ラブ・マイセルフ100万人プロジェクト」に取り組んでいる。
著書に『そのままの自分を受け入れて　人生を最高に幸せにしたいあなたへの33の贈り物』（三恵社）がある。

●一般社団法人日本セルフエスティーム普及協会HP
https://www.self-esteem.or.jp/

職場の人間関係は自己肯定感が9割

2019年11月22日　初版発行
2021年 8 月18日　4刷発行

著　者　工藤紀子
発行者　太田　宏
発行所　フォレスト出版株式会社
〒162-0824　東京都新宿区揚場町2-18　白宝ビル5F
電話　03-5229-5750（営業）
03-5229-5757（編集）
URL　http://www.forestpub.co.jp

印刷・製本　日経印刷株式会社

ISBN 978-4-86680-010-3　Printed in Japan